KB020393

# 우아하게 반박하는 기술

더 나은 토론으로
나아가기 위한 8단계 방법

**나탕 위탕다엘** 지음
**아들리나** 그림 | **김수영** 옮김

# 우아하게 반박하는 기술

sans se fâcher

**원더박스**

## 들어가며



내가 이 글을 쓰고 있는 지금 이 순간, 80억 명의 인간이 지구상에 공존하고 있다. 이들 모두는 사물의 참모습에 대한 해답과 삶의 의미 혹은 그저 존재의 이유를 찾아 이 광활한 우주에서 길을 잃고 헤매고 있다.

세상의 진리에 가까이 다가가는 일이나 세상을 있는 그대로 보는 경지에 이르는 데에는 많은 어려움이 따른다. 수많은 사람들이 실패의 쓴맛을 보고 자기도 모르는 사이에 막다른 길에 다다른다. 이런 사람들은 결국 사물의 가장 불합리하고 잘못된 면만을 보고 믿게 되는데, 이들이 자신의 오류를 깨닫는 데에는 몇 년이 걸리기도 하고 더러는 죽을 때까지 무엇이 잘못인지 의문을 품지 못하기도 한다.

여러분은 어떤가? 자신은 그렇지 않다고, 그럴 일은 절대로 없을 것이라고 확신하지는 말자. 허튼소리나 믿으면서 인생을 살지 않겠다고 당신이 아무리 큰소리를 쳐도 이미 약장수들의 말이나 현실과 괴리된 헛된 믿음에 속기 쉬운 사람이 되어 있을 가능성이 매우 크다. 하지만 해결 방법이 아예 없는 건 아니다. 이제 그곳에서 빠져나와 실수를 줄이는 방법을 배울 때가 되었다.

이쯤이면 여러분은 무엇을 어떻게 하라는 건지 묻고 싶을 것이다. 나의 첫 번째 조언은 당신의 감각과 경험을 무조건 믿지는 말라는 것이다. 감각과 경험은 따로 떨어져 있을 때는 진리를 찾도록 도와주는 좋은 나침판의 역할을 할 수 없다. 심지어 우리의 감각은 부정확한 것을 넘어서 우리를 속이기 일쑤다. 못 믿겠는가? 아래에 있는 사각형을 예로 들어 보자. 각각의 선은 완벽한 직선으로 이루어져 있지만, 우리 눈에는 뒤틀린 것처럼 보인다. 이러한 상황에서 오직 감각

만을 따른다면 실패는 자명한 일이다. 하지만 신뢰할 수 있는 측정 도구를 가지고 당신이 느낀 것과 도구가 보여 주는 것이 일치하지 않을 때는 신중에 신중을 기하여 결론을 내리는 습관을 들인다면, 성공이 당신을 기다릴 것이다.

자신의 감각과 개인적 경험에 무조건적으로 의지할 때만 오류를 범하는 것은 아니다. 나의 두 번째 조언은 당신에게 타인이 필요하다는 사실을 인식하라는 것이다. 외부의 도움 없이 완벽하게 진리를 탐색할 수 있다고, 세상에서 오직 나만이 진실과 거짓을 구분하는 데에 필요한 시간과 방법, 에너지를 가진 유일한 사람이라고 생각해서는 안 된다.

지구는 거대하고 우리들 대부분은 눈으로 직접 볼 수 있는 도시나 광경 그 이상은 절대로 보지 못할 것이다. 우리가 보는 것은 지구에 존재하는 모든 것 중에 아주 미미한 부분에 불과하다. 하물며 지구가 자리하고 있는 우주의 광대함은 우리가 이해할 수조차 없다. 어떤 인간도 현재 지구에서 38만 4400킬로미터(지구와 달 사이의 거리다) 이상 멀어지지 못한다. 이 거리는 지구와 태양 사이의 거리인 150,000,000(1억 5천만)킬로미터, 태양과 은하계 중심 사이의 거리 250,000,000,000,000,000(25경)킬로미터에 비하면 매우 짧은 거리이다.

우리는 세상을 올바로 판독하고 이해하기 위해 좋든 싫든

다른 사람들과 협업해야 한다. 인간 혼자서는 절대로 우주의 모든 비밀을 간파할 생각조차 할 수 없기 때문이다. 세상과의 관계를 단절하는 것, 특히 나와 생각이 다른 사람들과의 관계를 단절하는 것은 수많은 정보를 놓치고 막다른 길에 다다르는 최고의 방법이다. 두 다리로 걸어가는 것보다 더 멀리, 더 빨리 가기 위해 기차와 비행기와 자동차를 타는 것처럼 당신의 뇌가 좀 더 넓고 빠르게 사고하기 위해 다른 사람들의 뇌를 이용해야 한다.

어떻게 하면 한 걸음 전진하는 데 타인의 지능을 이용할 수 있을까? 동시에 다른 사람이 내 지능을 이용해 한 걸음 나아가도록 할 수 있을까? 여기에 토론에 뛰어드는 것보다 더 좋은 방법은 없다. 단지 다른 사람의 말을 듣고, 말하면 된다.

토의나 토론을 할 때 당신이 시간이 없어 만들지 못한 진실의 조각을 타인의 머리에서 추출해 내야 한다. 하지만 동시에 다른 사람들에게도 당신과 똑같이 할 수 있는 기회와 당신이 범할 수 있는 오류를 지적할 기회를 주어야 한다. 안타깝게도 이 모든 것은 저절로 일어나지 않으며, 대부분의 토론은 품위를 잃고 욕설과 빈정거림이 난무하는 참호전으로 변질된다.

## 더 나은 토론으로 나아가기

오늘날 사람들 사이에 벌어지는 토론의 질은 끔찍한 수준이다. 정치인을 보라. 수많은 정치인이 선거 때마다 수백만 명의 청중들 앞에서 해서는 안 될 말과 행동을 몸소 보여 준다. 근거는 부실하기 짝이 없고, 토론의 본질은 사라진 지 오래다. 거짓말과 모호한 말이 난무해서 선거가 치러질 때마다 사회는 분열되기 일쑤다. 이는 가족들과의 식사 자리에서도, 직장 내 회의에서도, 친구 혹은 연인 사이에서도 마찬가지다.

수 세기 전에는 토론을 더 잘했을까? 고대 그리스·로마 시대에는 타인의 신념과 사상에 대한 자신의 반대 의사를 좀 더 생산적인 방식으로 표현했을까? 더 나은 상황을 만들고자 하는 의지는 예전부터 있었지만, 우리 모두가 인터넷으로 서로 연결된 것은 인류 역사상 처음 있는 일이다. 어마어마한 수의 다른 뇌에 접속할 수 있게 해 주는 기술 혁신 덕분에 토론을 배우려는 우리의 욕구는 더욱 강렬하고 명확해졌다. 우리는 인터넷을 1,000킬로미터 떨어져 있는 사람들이 서로를 하찮게 대하는 곳이 아닌 더욱 재미있고 보다 나은 공간으로 만들어야 한다.

나 역시 수많은 토론을 완전한 실패로 몰고 간 바 있다.

실패를 거듭하며 나는 토론에 쓸 도구를 하나 만들었다. 이 소중한 사고 도구는 내 인생을 완전히 바꾸었으며 지금까지 나를 떠난 적이 없다. 바로 과학자 폴 그레이엄(Paul Granam)의 테스트에서 착안한 '그레이엄의 과녁'이다. 2019년, 나는 두 차례에 걸쳐 이 도구를 소개할 수 있었다. 프랑스 아비뇽에서 열린 핀트 오브 사이언스(Pint of Science) 과학 페스티벌에서 한 번, '브뤼셀 펍에 모인 회의주의자(Brussels Skeptics in the Pub)'라는 콘퍼런스에서 주최자 제레미 루아이요(Jérémy Royaux)의 도움으로 또 한 번, 토론에 사용할 수 있는 이 판단 도구를 사람들에게 선보였다.

'그레이엄의 과녁'은 큰 관심을 불러일으켰고, 나는 유튜브 채널 '챗 시앙피티크(Chat Sceptique)'에 이 사고 도구를 구체적으로 설명하는 20분가량의 영상을 올렸다. 영상을 본 이들의 많은 관심 덕분에 이 책도 집필할 수 있었다. 그레이엄의 과녁을 이용해 더 나은 합의에 이르게 하는 이 책은 아주 어린 아이들부터 나이 지긋한 노인들까지 모든 연령의 독자를 위한 책이다. 토론을 더 잘하는 방법과 비판적 사고의 기초를 배우기에 너무 빠르거나 늦은 나이는 없기 때문이다.

그레이엄의 과녁이 무조건 '좋은 토론'을 담보하는 건 아니다. 단지 이 사고 도구는 반박의 형태를 실용적으로 분류

한 것으로, 토론에서 논객들이 가능한 한 가장 생산적인 방법으로 자신의 논거를 표현하도록 도와줄 뿐이다. 당신이 설득력 있다고 생각하는 논거가 실제로 좋은 논거가 아니라면 이 과녁은 무용지물이다.

형편없는 논거의 예시를 소개해 보겠다. '지역에 호소하는 궤변'은 어떤 한 민족의 특징이나 원시적 특징 혹은 이국정서에 기대어 그 민족의 풍습이나 치료법 등의 유효성을 인정받으려는 것이다. 당신은 "나는 채소밭과 과일밭에 일주일에 한 번 말의 소변을 뿌리지. 라틴 아메리카 붉은 발 부족에서 전해 내려온 기술이거든!"과 같은 말을 들어 봤을 수 있다. 맙소사. 먼 고장에서 전해 내려왔다는 사실이 그 방법의 효용을 보장해 주지는 않는다.

또한 그레이엄의 과녁은 대화에 참여한 사람들이 완전하게 숙달하지 못한 주제를 다루는 토론에서는 무용하다. 지구의 형태(평평하다, 둥글다, 크리스마스트리 모양이다 등)에 대해 그레이엄의 과녁을 활용해 아무리 좋은 토론을 했다 하더라도, 논객 모두가 물리학과 수학의 기초도 모르고 조잡한 오류를 범한다면 토론의 결론은 잘못되었을 가능성이 크다.

이 책이 여러분의 물리학, 수학, 생물학, 지질학, 화학, 영양 및 건강에 관한 지식이나 목공, 구두 제작, 배관 공사 능력을 높여 주지는 않을 것이다. 다만 다른 사람과 견해 차이가 있을 때 주장을 공고히 하고 상대방 의견에 반박하는 방법을 익히도록 도와줄 것이다. 적어도 나에게 시간을 내어 줄 정도로 열정적인 여러분이 진리에 다가서는 올바른 토론 방법에 눈뜨는 데 보탬이 되길 바란다.

# 차례

# 2부. 궤변의 축제

# 1부

# 그레이엄의 과녁

## 과녁의 중앙을 조준하세요

신체적 폭력
모욕
인신공격
형식에 대한 공격
논거 없이 반박하기
논거로 반박하기
부차적 논점 반박하기
중심 주장 반박하기

+3
+2
+1
0
-1
-2
-3
-4

빨간색 원 바깥을 맞힐 때마다
아기 고양이 한 마리가 죽는다

— 검은색 —

# 신체적 폭력

누군가와 거친 대화를 한 끝에 상대방을 한 대 때리고 싶던 적이 있는가? 혹여 그런 적이 있었더라도 당신은 그렇게 나쁜 사람은 아니다. 그리고 당신만 그런 일을 겪은 것도 아니다. 사람들 사이에서 흔히 볼 수 있는 경향이며 '자연스러운 일'이라고 해도 그렇게 위험한 발언은 아닐 것이다. 하지만 바람직하지 않은 일인 건 사실이다. 암이나 페스트, 지진 등은 자연스러운 일이지만 우리는 이것들을 근절하기 위해 애쓰고 있으며, 폭력 역시 마찬가지다. 완전히 근절하지는 못하더라도 적어도 그 악영향을 없애려고 끊임없이 힘쓰는 것들이다.

비판적 사상가인 내가 보기에, 자신의 신념에 도전하는 누군가에게 폭력으로 대응하는 것은 진실에 다가서는 데 역효과만 불러일으킬 뿐이다. 누군가가 당신의 생각에 문제를 제기한다면 그럴 만한 이유가 있기 때문이라는 원칙에서 출발하는 것이 훨씬 생산적이지 않을까? 이것은 겸손의 문제가 아니다. 세상을 있는 그대로 보고 환상이나 동화 속에서 살지 않겠다는, 내가 세운 목표를 달성하는 하나의 방편이다.

욕설을 하는 상대방에게 신체적 폭행으로 반응하는 것은 상황을 더욱 악화시켜 바닥을 찍는 것이나 마찬가지다. 의견 차이를 표현하는 다양한 방법과 각 방법의 수준을 제시하는 그레이엄의 과녁에서 신체적 폭행은 검은색 부분에 해당하며 단연 최악의 방법에 해당한다. 여기를 맞히는 즉시 당신은 상종 못 할 사람이 되고, 진실이 당신의 손에서 빠져나가는 것을 보게 될 것이다.

## 라이프 바다위 이야기

라이프 바다위(Raif Badawi)는 사우디아라비아에서 사상의 자유를 위해 운동하는 활동가다. 기독교인과 무슬림이 평등하다는 주장을 비롯해 그가 온라인에서 내놓은 많은 논평은 건설적인 토론의 가능성을 완전히 차단하고 반대 의견을 억압하는 데 급급한 사우디아라비아 정부의 심기를 건드렸다. 사우디아라비아 당국은 그 나라에서는 사형감인 이슬람 모욕죄와 배교죄로 라이프 바다위를 체포했다. 사건은 여러 차례 예기치 못한 방향으로 흘렀지만 결국 바다위는 2014년에 징역 10년과 채찍질 1,000대(50대씩 20회)를 선고

받았다. 같은 해, 바다위의 변호사 왈리드 아불카이르(Waleed Abulkhair)는 징역 15년과 해외여행 금지 30년을 선고받았다 (공식적으로는 바다위를 변호한 죄가 아닌 허가 없이 인권 단체를 설립하여 '체제와 그 대표자를 전복한 죄'로 유죄 판결을 받았다).

라이프 바다위의 체포는 국제사회에 엄청난 반향을 불러일으켰고, 국제앰네스티는 2012년 사우디아라비아에 대해 다음과 같은 논평을 발표했다. "라이프는 단지 표현의 자유권을 행사한 이유로 구금되었다. 사우디아라비아가 강력한 억압 정책을 펼치고는 있으나, 단지 온라인 토론을 촉진했다는 이유만으로 극형을 내리는 것은 지나치다."

라이프 바다위는 2015년 1월 9일 사우디아라비아 서부 항구 도시 제다에서 수백 명이 지켜보는 가운데 첫 채찍형을 받았다. 그의 건강은 크게 악화되었고, 아내 엔사프 하이다는 캐나다로 망명할 수밖에 없었다. 2015년 1월 22일, 라이프의 석방을 요구하는 청원이 100만 서명을 모았다. 미국과 유럽 그리고 수많은 국가가 라이프와 그의 가족들에게 지지를 표현했지만 사우디아라비아 정부는 여기에 응하지 않았고 라이프는 지금도 수감되어 있다.

2016년 라이프에 대한 간접적인 지지의 표시로 네덜란드의 회의주의자 아르연 루바흐(Arjen Lubach)는 사우디아라비아를 테러 단체 IS와 비교했다. 다음은 루바흐가 지적한 사우디아라비아와 IS의 공통점이다.

- 불경죄를 저지른 자는 사형을 받는다.
- 동성연애자는 사형을 받는다.
- 간음죄를 저지른 자는 돌에 맞아 죽는 형벌을 받는다.
- 아동 결혼이 허용된다.
- 물건을 훔친 자는 손을 자르는 형벌에 처한다.
- 지도자는 민주적으로 선출되지 않는다(2005년부터 사우디아라비아에서 시의원 선거가 실시되고 있기는 하다).

상대방과의 의견 차이를 표현하는 데에는 여러 방법이 있다. 라이프 바다위 사례에서 본 사우디아라비아 정부의 행태는 그레이엄 과녁의 가장 바깥쪽인 '신체적 폭력'을 사용하는 토론자의 전형이다. 자신의 신념이나 행동 양식, 혹은 살아가는 방식에 도전하는 타인에게 그의 신체를 괴롭히는 것으로 대응하는 건 상당히 유혹적인 방법이기는 하다. 특히 우리에게 설득 수단이 없거나, 상대방이 증명이나 논증도 못 하면서 속임수를 써 논쟁에서 이기는 것 같은 느낌이 들 때 이 방법은 더욱 유혹적이다. 하지만 이 방법은 어느 누구에게도 도움이 되지 않는다.



이쯤 되면 당신은 내가 자명한 사실을 증명하려고 애쓴다

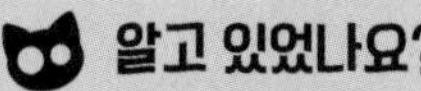

### 알고 있었나요?

사우디아라비아는 1948년 유엔이 채택한 세계인권선언을 비준하지 않은 여덟 국가 중 하나이며 오늘날 인권 분야에서 최악의 수준이라는 평가를 받는다. 사우디아라비아에서 표현의 자유와 결사의 권리는 보장되지 않고 종교 선택의 자유도 미미한 수준이다. 또한 여성과 어린이, 외국인의 권리도 엄격하게 제한된다. 사우디아라비아의 '남성후견법'은 2018년 2월까지 여성은 한 남성의 후견 아래에 살아야 하고 후견인의 동의 없이는 자신의 회사를 설립할 수 없도록 규정했다. 그런가 하면 2019년까지 여성은 후견인의 동의 없이는 해외여행도 할 수 없었다.

고 생각할 수 있다. 우리는 아주 어렸을 때부터 부모님과 조부모님, 선생님에게 이런 문제는 대화로 풀어야 한다고 배웠기 때문에 당신은 이런 뻔한 말을 책을 써 가면서까지 반복할 필요가 없다고 생각할 것이다.

좋다, 내가 보기에 당신은 좀 더 까다로운 문제를 다룰 준비가 된 것 같다. 이제 '부인주의(Negationism)'에 대해 이야기해 보자.

## 자명한 사실을 부인하는 건 죄일까?

부인주의는 '의심의 여지가 없는 증거가 있음에도 특정 역사적 사건을 부인하는 행위'를 가리키는 말이다. 가장 확실한 예시는 독일 나치와 그 추종자들이 자행한 유대인 대학살에 대한 부인, 즉 '홀로코스트는 없었다'라고 주장하는 것이다. 사회봉사형부터 금고형, 벌금형까지 유형은 다양하지만 많은 유럽 국가에서는 홀로코스트를 부정하는 행위를 처벌하고 있다. 유럽인들에게 홀로코스트 부정에 대한 처벌은 당연한 것처럼 보이고, 부인주의에 대한 유죄 판결은 일반적인 일이다. 홀로코스트를 부정한 사람이 유죄 판결을 받았다고 거리에 나와서 시위하는 사람은 전혀 없거나, 있어도 소수에 지나지 않는다. 하지만 다음의 질문을 한번 던져 보자. '홀로코스트를 부정하는 사람을 처벌하는 것은 라이프 바다위를 처벌한 사우디아라비아 정부와 무엇이 다른가?'

누군가는 대답할 것이다. "차이점은 독일 나치가 자행한 대학살은 정말 일어난 일이라는 것이다. 역사적 증거와 증언으로 산을 쌓을 수 있을 정도다. 대학살을 부인하는 사람들은 틀렸다. 그건 확실하다. 그들은 마땅히 받아야 할 벌을 받았을 뿐이다."



하지만 사우디아라비아도 그들 나름대로 이와 똑같은 정

도의 확신이 있다고 하면 어떨까? 사우디아라비아가 볼 때 라이프 바다위가 틀렸다는 것은 자명하다. 여기에서 사우디아라비아의 논거는 중요하지 않다. 단지 강조하고 싶은 것은 사우디아라비아 정부가 라이프 바다위를 단죄할 때와 유럽 각국이 홀로코스트 부인자를 처벌할 때가 같은 정신 상태에 있었을 수도 있다는 점이다. 여기서 분명히 해 둘 것이 있다. 나는 부인주의자들을 옹호하려는 게 아니며 일반적인 정의 구현에도 반대하지 않는다. 다만 나는 그런 사람들에 맞서 그들의 논거에 이의를 제기하고, 그들이 자신의 오류를 직시하게 만들고, 그러한 극단론자들이 돈을 벌기 위해 진실은 무시한 채 어떻게 사실을 왜곡하고 수천, 수백만 명의 순진한 사람들의 눈을 흐리게 하는지 증명하는 것이 우리에게 더 필요한 일이고 유익한 일이라 생각한다.

물론 아무리 우리가 그들의 논거에 있는 오류를 증명한들 부인주의자들은 계속 그 논거를 이용할 게 확실하다. 하지만 그건 중요하지 않다. 필요한 만큼 오랫동안, 사람들이 그들의 이야기를 듣는 한, 그들이 결국 무기를 내려놓을 때까지 오래도록 그들의 조작을 낱낱이 밝혀야 한다. 수많은 지식인, 철학자, 역사가도 이러한 생각에 동의한다(물론 많은 이들이 동의한다는 사실이 이러한 방식의 유효성을 인정하는 것은 아니다. 이 부분은 151쪽의 '인기에 호소하는 궤변' 부분을 참조하라. 그렇지만 이 문제에서 많은 사람이 이러한 입장을 지지한다는 점을 강조하는 것은 중요하다고 생각한다). 프랑스 역사가 클로드 리오쥐(Claude Liauzu)는 다음과 같이 말했다. "부인주의자와는 사상 논쟁에서 맞붙는 것이 바람직하다."

## 게소법을 아시나요?

프랑스의 국회의원 장 클로드 게소(Jean-Claude Gayssot)가 발의하여 1990년 채택된 게소법(Loi Gayssot)은 부인주의자를 형사 처분할 수 있는 길을 튼 제 9조 항목으로 일대 혁신을 일으켰다. 게소법은 역사적 사건에 대해 한 국가의 입장을 표명하거나 강요하는 일명 '기억법'의 일례다. 극단적인 경우 이러한 법은 특정 관점 이외의 다른 관점의 표현을 금지할 수도 있는데, 게소가 발의한 법안 역시 입법을 위한 투표에서 이 부분이 거친 비난을 받았고, 최종 가결되기 전 1990년 6월 11일, 29일, 30일 세 차례나 상원에서 거부되었다.

이 법에 반대한 정치인에는 프랑수아 피용(François Fillon) 전 프랑스 총리와 자크 시라크(Jacques Chirac) 전 프랑스 대통령도 포함되어 있었다. 다수의 부인주의자들이 속했던 극우주의 정당 국민전선(Front National)은 당연히 반대했고, 많은 논란을 몰고 다니는 코미디언 디외도네 음발라 음발라(Dieudonné M'bala M'bala)는 게소법을 '유대주의·사회주의·공산주의법'이라면서 그 특유의 표현으로 반박했다. 사람 자체를 공격하는 경향이 있는 디외도네가 법안을 발의한 게소가 공산당 당원인 사실을 이용해 비판한 것이다.

'기억법'이 선언문 성격의 법이라면 이러한 법을 제정하는 일은 의원들이 자신의 의견을 표현하는 하나의 방식이며 원칙적으로 문제가 되지 않는다. 하지만 게소법처럼 형사처분을 동반할 때는 문제가 된다. 2008년 11월, 프랑스 의원들은 더 이상 역사적 사실에 관한 '기억법' 유형의 법안을 표결에 부치지 않고 결의문으로만 의사를 표명하기로 결정했다. 이러한 유형의 법이 자신의 학문적 자유를 침해할 수 있다고 보는 다수 역사가들은 이 결정에 크게 안도했다.

'가짜 뉴스와의 전쟁'은 앞의 사례와 놀라울 정도로 유사하다. 2018년 초 에마뉘엘 마크롱 프랑스 대통령은 선거 기간 중 인터넷상 가짜 뉴스를 삭제하고, 가짜 뉴스를 게재한 사이트를 검색 대상에서 제외하고, 관련 이용자의 계정을 닫을 수 있도록 제소하는 것을 가능케 하는 법안을 발표했다. 법안은 같은 해 11월 22일 가결되었다. 이 법이 어떻게 정착할지, 남용되지는 않을지 하는 문제도 있지만, 뒤에 숨은 의도가 더욱 찜찜하다. 법적 절차로 가짜 뉴스를 삭제하

### 1945년 8월 8일 발표한 국제군사재판소 법령에 따른 반인도적 범죄의 정의

전쟁 전과 전쟁 중에 민간인을 상대로 저질러진 살인, 말살, 노예화, 강제 이주 및 기타 모든 비인간적 행위. 해당 국가의 국내법에 저촉되는가와 상관없이 정치적, 인종적, 종교적 이유로 행해진 모든 박해 행위.

여 네티즌을 보호하겠다는 것은 다나이데스(Danaides)의 항아리를 채우는 것과 마찬가지다.(다나이데스는 '다나오스의 딸들'이라는 뜻으로 그리스 신화에 등장하는 신 다나오스의 딸 50명을 가리키는 말이다. 이들은 아버지의 지시에 따라 결혼 첫날밤에 자신들의 신랑인 아이깁토스의 아들 50명을 모두 살해하였고, 이 죄로 저승에서 구멍 뚫린 항아리에 영원히 물을 채워 넣어야 하는 형벌을 받았다—옮긴이 주) 배고픈 사람에게는 물고기를 주는 것보다 물고기 잡는 법을 가르치는 게 더 나은 법이다.

같은 원리로 사회의 구성원들이, 가능하다면 많은 이들이 홀로코스트 부정론자들의 논거가 틀렸음을 매번 당당하게 밝혀내면 그들은 곧 잊힐 것이다. 마찬가지로 사회 구성원들이 아주 어린 나이부터 비판 정신 교육을 받은 사회에서는 가짜 뉴스도 그 힘을 잃을 것이다. 그러므로 우리는 가짜 뉴스와 모호한 추론, 조작을 몰아세우는 훈련을 해야 한다. 안타깝게도 우리는 이러한 방법보다는 부인주의자와 가짜 뉴스의 공급원을 억압하는 길을 공식적으로 선호하고 있다. 이는 장기적으로 보았을 때 효과가 미미하고, 이미 과부하가 걸려 있는 사법 시스템에 과도한 짐을 지우는 전략이다.

## 밀크셰이크 투척

라이프 바다위의 경우나 부인주의자들보다는 덜 끔찍하지만 그래도 그레이엄의 과녁에서 가장 바깥 부분을 맞혔다고 할 만한 예가 있는데, 바로 '밀크셰이킹'이다. 이는 자신과 상반된 생각을 지닌 인사에게 밀크셰이크를 던지는 행위를 일컫는 말로, 2019년 유럽 의회 선거에서 반이슬람주의를 표방하는 영국의 극우 활동가 토미 로빈슨(Tommy Robinson)이 수많은 카메라 앞에서 얼굴에 밀크셰이크를 맞고 그다음 날 또 맞으면서 유명해졌다. 영국의 반페미니즘 정치인 칼 벤자민(Karl Benjamin)은 네 차례나 밀크셰이킹의 희생자가 되었다. 하지만 언론에 가장 많이 오르내린 사건은 브렉시트를 주도한 영국 정치인 나이절 패라지(Nigel Farage)가 브렉시트에 반대하는 시민이 던진 밀크셰이크에 맞은 사건이었다. 며칠 후 패라지가 영국 켄트주에서 연설을 하려고 지지자들 앞에 섰을 때, 한 무리의 사람들이 그를 협박하려고 손에 밀크셰이크를 든 채 연설을 들으러 왔다. 이후 패라지가 에든버러에 들렀을 때 경찰은 미리 맥도날드 측에 밀크셰이크 판매를 중단해 달라고 요청했다. 한편 같은 시기에 경쟁업체인 버거킹이 스코틀랜드에서 밀크셰이크를 홍보했다가 폭력을 조장했다는 비난을 받았다.

영국에 밀어닥친 이 사건들은 수많은 논평을 불러일으켰다. 밀크셰이킹 행위를 폭력으로 간주하길 거부하는 목소리도 있었다. 하지만 정치인들의 연설에 대해 우리가 어떤 의견을 갖고 있든, 우리는 원칙적으로 이러한 행동에 찬성해선 안 된다. 아무개 정치인이 바보 같은 소리를 하거나 위험하다고 판단되는 사상을 주장하면 어떤 점에서 그의 발언이 거짓이고 터무니없고 위험한지를 증명해야 한다. 그가 만약 자신의 카리스마를 이용해 잘못된 논거를 들이민다면 제대로 된 논거와 함께 더욱 강력한 카리스마로 맞서야 한다. 물론 이렇게 하는 게 아무 생각 없이 그의 면전에 밀크셰이크를 던지는 것보다 어려운 건 사실이다. 하지만 서로 의견이 일치하지 않는 여러 사람들 무리 사이에 다리를 놓기 위해서는 논증이 더 효과적이다. 이렇게 질문해 보자. '당신의 적수에게 밀크셰이크를 던지는 행위에는 정확하게 어떤 결과가 뒤따를까?' 밀크셰이크 세례를 받은 정치인의 반대 진영 사람들이 손뼉을 치고 즐기며 SNS에 올라온 사진과 영상을 공유할 테고, 밀크셰이킹은 용인할 만한 행위이며 마땅히 다시 일어나도 괜찮다는 생각을 퍼뜨리는 것뿐이다.

밀크셰이크를 투척한 인물은 우상이 된다. 해당 정치인을 지지하는 진영은 분개하며 상호 연대를 더욱 단단히 하고, 최소한 밀크셰이크를 투척하는 것만큼이나 폭력적인 응수를 준비할 것이다. 파괴적인 확전이 시작되는 것이다. 두 진영은 좀 더 극단적인 모습을 보일 테고, 토론은 그 어느 때보다 어려워진다. 이것은 승리가 아니다. 여기서 얻는 결과라고는 더 많은 폭력과 극단화, 밀크셰이킹 주동자로서 잠시 유명해진 반짝 셀럽의 등장뿐이다.

모든 정당의 운동가 중에는 기회주의자들이 있다. 대의를 퇴보시키는 한이 있어도 사람들 앞에 나서는 일만 목적으로 두는 사람들이다. 밀크셰이크를 투척한 사람들 대부분이 자신이 주장하는 대의에는 별로 관심이 없고, 정치인에게 향하는 미디어의 이목 집중에 더욱 관심이 많았다고 해도 별로 놀랍지 않다. 도로를 점거하거나, 건물 외벽에 달걀을 투척하거나, 무언가를 태우거나, 누군가를 폭행하거나, 신체의 중요한 부위를 대중에 노출하여 언론에 보도되는 것은 관심을 집중시켜 주장하는 바를 알리는 방법이 될 수도 있다. 그러나 실상은 주장을 널리 알리기보다는 행동에 나선 이의 이름이 조금 알려지고 그가 속한 공동체의 박수갈채를 받는 정도에서 그치는 경우가 많다.

토론은 서로 다른 의견을 지닌 사람들 사이에 다리를 놓는 것과 같다. 이런 활동은 삼성의 최신 스마트폰이 애플의 것보다 더 나은지 아닌지를 결정하거나 어떤 예술 작품이 다른 작품보다 뛰어난지 아닌지를 결정할 때에는 별로 중요하지 않다. 반면 브렉시트나 예방 가능한 암의 원인, 이민자와 동성연애자 또는 여성에 관한 사회의 태도에 대해 논박할 땐 중요한 문제가 된다. 이러한 주제는 마땅히 진지하고 차분한 토론을 거쳐야 한다. 여기에서 도출된 결정이 수백만 명의 삶에 영향을 끼칠 수 있기 때문이다. 이 주제들을 두고 토론하는 일은 달걀이나 토마토, 밀크셰이크를 투척하는 행위보다 훨씬 가치 있다. 운동가의 극단적 행위가 더 많은 관심을 받아 마땅하지만 모든 사람에게 외면받는 문제를 드러내는 등 유의미한 결과를 가져온다고 생각할 수도 있다. 그렇지만 내가 아는 한, 밀크셰이킹은 주목받지 못했던 문제를 부각하는 데에 어떠한 실효성도 증명하지 못했다.

신체적 폭력이 상대방을 반박하는 최악의 방법이기는 하지만 그렇다고 해서 정당 방어 원칙이나 정의의 필요성이 사라지는 것은 아니다. 어떤 사람이 이의를 제기하는 상대의 신체에 해를 끼치면 토론은 즉시 중지되어야 한다. 폭행이 그치지 않고, 그로부터 도망가는 것이 불가능할 때엔 주저 없이 힘으로 자기 자신을 방어해야 한다.

인터넷상에는 신체적 폭력이 존재하지 않는다고 생각하는 사람들이 많다. 상대방의 기기에 기기를 폭파하거나 불태울 수 있는 무언가를 장착하지 않는 이상 모니터 너머 상대방의 신체에 해를 가하는 것은 불가능하다는 것이다. 내가 알기로도 불가능하지만, 이 점에 대해서는 좀 더 생각해 보자. 우리는 인터넷을 통해 직접 신체적 폭력을 가하거나 당하지는 않지만 자신의 의견과 불만을 폭력적으로 표현하는 영상을 마주할 수는 있다. 미국 하원의원 후보 마저리 테일러 그린(Majorie Taylor Greene)을 예로 들어 보자. 그린은 2020년 4월 25일 트위터에 '국경 개방', '사회주의', '무기 소지 금지' 등 자신이 반대하는 정책을 적은 자동차 표적을 손에 든 무기로 쏘아 폭파하는 장면을 담은 영상을 올렸다. 어떤 논거도 제시하지 않았다. 그러한 비디오를 제작하고 배포하는 것이 그레이엄의 표적에서 가장 바깥 원을 맞히는 것은 아닐지라도 몹시 거북하다는 점에는 모두가 동의할 것이다.

— 파란색 —

# 모욕

신체적 폭력보다는 낫지만 상대방을 모욕하는 행위, 즉 그레이엄 과녁의 -3점짜리 원을 맞히는 것도 영예롭지 못한 건 마찬가지다. 당신이 이곳을 자주 맞힌다면 이제는 만회할 때가 됐다.

## "그는 입을 닥쳐야 한다"

미국의 저명한 천문학자이자 회의주의자 단체인 제임스 랜디 교육재단(JREF) 협회장을 지낸 필 플레이트(Phil Plait)는 2020년 'TAM8'이라는 회의주의자 대회에서 청중들에게 다음과 같이 물었다. "여러분 중 과거에는 무언가를 믿었지만 현재 더는 믿지 않는 경험을 한 분들은 손을 들어 주십시오. 그것이 비행접시였든 심령술이나 종교였든 어떤 것이든 좋습니다." 그러자 청중의 대부분이 손을 들었다. 필이 이어서 말했다. "그럼 두 번째 질문을 드리겠습니다. 누군가가 여러분을 덜렁대는 바보라고 부르거나 여러분에게 욕설을 내뱉어서 믿음을 잃고 회의주의자가 된 분이 있습니까?" 청중은 폭소를 터트렸다.

토론에서는 어떤 경우에도 절대로 상대방을 모욕해서는 안 된다. 단 몇 초만 생각해 봐도 이 말이 옳다는 걸 알 수 있다. 하지만 때때로 모욕이 우리보다 더 강력할 때가 있다. 그렇기에 효과가 미미한데도 욕설을 쏟아내기도 한다. 욕을 내뱉는 행위에 미덕이 아예 없는 것은 아니다. 일례로 단순한 유머로 욕을 쓸 수 있다. 만약 당신이 고양이와 함께 살고 있다면 내가 그러하듯 다정스럽게 고양이에게 욕을 한 적이 있을 것이다. 또는 긴장을 풀기 위해 쓸 때도 있는데, 예를 들어 비디오 게임을 하는 도중 당신이 좀비 떼에게 포위당했을 때 온갖 욕설을 퍼부으면서 화염방사기로 그 괴물들을 불태울 수 있다. 아, 물론 나는 단 한 번도 그렇게 하지 않았다. 나도 나름 문명인이다.

하지만 반대 의사를 표현하기 위해 진지하게 상대방을 욕한다면 당신은 이미 패배한 것과 마찬가지다. 2019년 4월 15일 화재로 무너진 파리 노트르담 대성당을 복원하는 공사 진행 과정에서 전직 육군 장군이었던 장 루이 조르줄랭(Jean-Louis Georgelin) 재건위원장이 당시 건축 총책임자 필립 빌뇌브(Philippe Villeneuve)를 겨냥한 말을 예로 들 수 있다. 필립 빌뇌브는 첨탑을 이전과 동일하게 복원하자고 제안했고,

현대식으로 재건하고자 한 조르줄랭과 첨예하게 대립했다. 그해 11월 조르줄랭은 수많은 카메라 앞에서 거드름 피우는 태도로 "그(필립 빌뇌브)는 입을 닥쳐야 한다."라고 하여 인터뷰장을 발칵 뒤집어 놓았다.

이 민망한 장면은 순식간에 텔레비전과 인터넷에 퍼졌다. 이는 아무리 좋게 보아도 조르줄랭의 미숙함을 드러내는 행동이었고, 나쁘게 보면 민주주의 국가에서는 발붙일 곳 없는 권위주의적 태도를 내보이는 행위였다. 나는 인터넷상에 떠도는 뉴스가 어느 누군가가 타인에게 욕설을 내뱉는 장면이 아니라 타인이 말한 걸 분석하고 어떤 점이 틀렸는지 침

착하게 설명하는 내용이기를 바란다. 아, 물론 페이스북의 타임라인이나 SNS에 내가 원하는 그런 내용이 올라오는 걸 자주 볼 수 없다는 건 나도 잘 안다.

## 한 발짝 물러서서 크레이프 먹기

나는 SNS 서핑을 할 때 항상 그레이엄의 과녁을 염두에 두려고 한다. 키보드의 엔터 키를 눌러 인터넷에 메시지를 올리기 전에 내 메시지가 과녁의 바깥 부분을 맞히지는 않는지 미리 확인한다. 그레이엄의 과녁을 출력해서 스크린 옆에 붙여 두면 큰 도움이 된다. 상대방의 허튼소리가 당신을 너무 짜증 나게 해서 단지 기분을 풀기 위해 과녁의 바깥 부분을 맞히거나 말거나 신경 쓰지 않고 모욕적인 메시지를 보내야겠다는 생각이 들었다고 가정해 보자. 그럴 때 해 주고픈 단 한 가지 제안이 있다. 접속을 끊고 당신의 컴퓨터를 꺼라. 그리고 밖으로 나가 산책을 하라. 크레이프를 만들어 먹거나 와플을 하나 사 먹어도 좋다. 잠시 후, 마음이 진정되면 당신은 아까와는 다르게 메시지를 쓸 수 있다. 우리가 SNS에서 너무 많은 시간을 보내기 때문에 때때로 접속을 끊는 것은 우리에게 이로울 수밖에 없다. 광케이블과 전파가 연결시켜 놓았다고 해서 끊임없이 이용해야 한다는 의무감을 느낄 필요는 없다.

그레이엄의 과녁은 상대방이 당신에게 한 말이나 쓴 글에서 한 발짝 물러날 때도 무척 유용하다. 상대방이 당신에게 모욕을 던지고 더 이상 메시지다운 메시지를 보내지 않으면 당신은 토론을 중단하고 그와 토론의 목적에 대해 논의해 볼 수 있다. 가장 까다로운 상황은, 마주한 상대가 유효하고 타당하고 적합한 논거를 대고 있지만, 메시지를 시작하거나 끝맺을 때 혹은 텍스트 중간에 별다른 이유 없이 욕설을 하는 경우다.

쉽지 않은 상황이지만 이럴 때는 모욕을 무시하고 논거에 대응할 줄 알아야 한다. 상대방이 공격적일지라도 그와의 토론은 매우 흥미진진할 수 있다. 상대방보다 더욱 성숙한 모습을 보이고 모욕을 지나쳐 가는 것이 당신이 해야 할 일이다. 당신의 기분과 자존심이 진리 추구로 향하는 길을 가로막지 않도록 하라. 대화가 결론에 다다랐을 때 상대방과 함께 나눈 대화를 점검하고, 당신이 참아야 했던 불필요한 부분을 강조하면서 해명을 요구해도 늦지 않다.

반면 대화 내용이 모욕 이외에는 아무것도 없거나 상대방이 자신의 주장을 펼치는 데 욕설만을 사용한다면, 앞서 말한 조언으로 빨리 되돌아오자. 대화를 잠시 멈추는 것이다.

인내를 갖고 호의적이고 너그러워야 하지만, 그렇다고 동네북이 될 필요는 없다. 반복적인 신체적 폭력의 경우와 마찬가지로 회피가 불가능하다면 있는 힘껏 자기 자신을 방어해야 하며, 타당한 근거 없이 모욕이 반복된다면 논쟁에서 이기려고 하지 말고 즉시 논쟁을 중단해야 한다.

어떤 논의가 시간을 들여 계속 진행할 가치가 있는지 어떻게 판단할까? 다음 페이지에 있는 도표를 따라가면 쉽게 판단할 수 있다.

# 이 논의를 계속할 가치가 있을까?

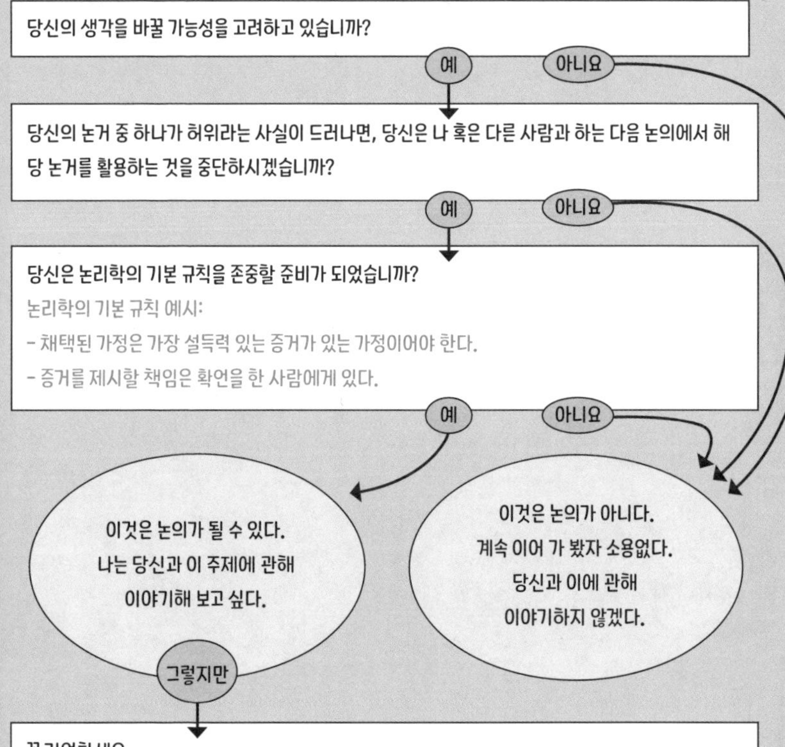


꼭 기억하세요

- 우리는 각각의 진술에 대한 출처를 밝혀야 한다.
- 이 출처들이 진술에 부합하는지 확인한다. 하나의 논거에 대한 평가가 끝나기 전에 다음 논거로 넘어가지 않는다.

논의란 상대방의 논거가 설득력 있다면 자신의 의견을 바꿀 준비가 되어 있는 두 사람이 하는 대화다. 하지만 논의와 훈계를 혼동하는 사람들이 있다. 둘 중 한 명이 상대방의 논거를 듣고 따져 보려 하지 않고 단순히 자신의 관점만 내세우려 한다면 논의해 봤자 아무런 소용이 없다. 위에 제시된 도표는 논의를 시작해 볼 만한 가치가 있는지 우리에게 알려 주는 것으로, 우리가 시간을 낭비하지 않도록 도와줄 것이다.

— 보라색 —

# 인신공격

모욕보다 그다지 나을 것 없는 인신공격은 상대방에 맞서기보다는 상대방의 말을 교묘하게 피하는 기술이다. 과녁의 이 부분을 맞히는 것은 다음과 같이 말하는 것이다. "당신은 어떻게 벨기에 사람이 쓴 책을 읽을 수 있지?", "나는 동성연애자와는 논쟁하지 않는다." 혹은 "너는 어떻게 개보다 고양이를 좋아하는 사람의 말을 들을 수 있어?"

## "자폐증이라고 해서 뭐가 바뀝니까?"

우리 사회에서 인신공격은 흔히 접할 수 있다. 이러한 형태의 공격은 소설에서, 정치 토론이나 가족 식사 자리에서, 비디오 게임에서도 발견되는데 대중은 여기에 놀라지도 않는다. 다음은 영화 〈반지의 제왕〉에서 발췌한 인상적인 예다. 영화에서는 중간계에 살고 있는 다양한 종족들이 공동의 적 사우론에 맞선다. 각 종족의 대표는 사우론의 강력한 무기인 절대반지를 이용하는 방법을 두고 토론을 벌인다.

보로미르: 왜 절대반지를 이용하지 않는 거지? 내가 이 반지로 적을 물리치겠소!

아라곤: 그 반지를 제어할 수 있는 사람은 없소. 어느 누구도! 절대반지는 사우론의 부름에만 응답하오.

보로미르: 부랑자가 뭘 안다고?

레골라스: 부랑자가 아니에요! 아라손의 아들 아라곤이에요. 당신은 아라곤에게 충성을 맹세해야 해요.

위 내용은 피터 잭슨의 영화 〈반지의 제왕: 반지 원정대〉에 나온 대화를 옮긴 것이다. 이 대화에서 절대반지를 손에 넣고 싶은 보로미르는 아라곤을 공격하면서 그의 말을 우회하려고 한다. 레골라스 역시 잘했다고 볼 수 없다. 레골라스는 논의를 중심으로 되돌려 놓지 못하고 보로미르의 인신공격, 정확히 말하자면 보로미르가 아라곤을 가리켜 '부랑자'라고 한 말에만 반응했다. 반면 아라곤의 메시지는 명확하다. 오직 사우론만이 반지를 쓸 수 있다는 것이다. 여기에서 이들이 살펴야 할 것은 아라곤이 주장한 내용의 진위이며, 인물의 신분으로 화제가 옮겨 가면 대화만 뒤죽박죽이 될 뿐이다. 아래는 내가 수정한 버전으로, 좀 더 건설적인 대화라면 어떠했을지 보여 준다.

보로미르: 왜 절대반지를 이용하지 않는 거지? 내가 이 반지로 적을 물리치겠소!

아라곤: 그 반지를 제어할 수 있는 사람은 없소. 어느 누구도! 절대반지는 사우론의 부름에만 응답하오.

보로미르: 부랑자가 뭘 안다고?

레골라스: 부랑자건 아니건 그건 상관없어요! 아라곤, 당신의 주장을 뒷받침할 만한 증거가 있나요? 반지가 사우론에게만 반응하는지 당신이 어떻게 알아요?

하지만 이상적인 상황이라면 조금 더 달랐을 것이다. 이상적인 상황은 보로미르 스스로 아라곤에게 발언에 대한 증거를 요구하고 사람에 대한 공격을 자제하는 것이다. 아래의 대화에서 보로미르의 말에는 여전히 가시가 돋아 있지만, 그래도 건설적인 방향으로 나아갔다.

보로미르: 왜 절대반지를 이용하지 않는 거지? 내가 이 반지로 적을 물리치겠소!

아라곤: 그 반지를 제어할 수 있는 사람은 없소. 어느 누구도! 절대반지는 사우론의 부름에만 응답하오.

보로미르: 당신이 한 말에 대한 증거가 있소? 말해 보시오, 이 부랑자!

앞서 게소법의 사례에서 살펴본 디외도네는 인신공격에 의존하는 버릇이 있는, 그레이엄 과녁의 보라색 원을 맞히는 기술의 전문가임을 스스로 드러냈다. 디외도네는 게소법을 '유대주의·사회주의·공산주의적인 법'이라고 규정하며 법안 입안자의 정치적 신념이나 됨됨이로 사람들의 주의를 끌어 법률 내용에 대한 토론을 피하려고 했다. 디외도네가 사람들의 주의를 돌리기 위해 의식적으로 그렇게 한 걸까? 혹은 그렇게 하는 게 정말로 토론을 진전시킬 건설적인 방법이라고 생각했을까? 우리로선 알 수 없다.

인신공격에 재치 있게 반응한 사례도 있다. 2019년 파리 시장 선거를 앞두고 후보자 중 한 명이었던 세드릭 빌라니(Cédric Villani)에게 자폐증이 있다는 소문이 돌았다. 후보자와 긴 인터뷰를 진행한 한 기자가 대놓고 질문했다. 빌라니는 다음과 같이 대답했다. "저는 모릅니다. 단 한 번도 진단을 받은 적이 없고, 진단받을 필요성을 느낀 적도 없습니다. 그리고 자폐증이라고 해서 뭐가 바뀝니까?" 아주 좋은 지적이다. 정말이지 무엇이 바뀔까?

## 트롤러, 트롤리즘



트위터에는 자신의 프로필에 다음과 같은 문장을 쓰는 사용자들이 있다. "나는 이성애자나 남자와는 대화하지 않는다." 내가 언급한 트위터 계정은 아마도 활동가들 사이의 과격한 일탈자를 규탄하고, 지나치게 극단적이라고 인식되는 페미니스트, 즉 남녀평등이 아닌 남성에 대한 여성의 권력 장악을 목표로 하는 페미니스트들을 조롱하기 위한 가짜 계정일 것이다(아닐 수도 있다!).

트위터는 종종 악성 이용자를 만날 수 있는, 악명이 높은 SNS다. 또한 트위터는 트롤들의 집결지이기도 하다. '트롤(troll)'은 원래 무의미한 대화에 다른 사람들을 끌어들이길 좋아하는 익살꾼을 일컫는 말이었다. 악의는 없는 사람이 대부분이었고, 그들과의 대화는 인내심과 친절을 훈련하기에 좋은 기회였다. 하지만 오늘날 이 단어의 의미가 변했다. 이제 트롤은 심심해서 혹은 특별한 이유 없이 반목과 논쟁을 조장하고 재미로 토론을 일탈시키는 데에 열중하는 사람을 가리키는 말이 되었다. 이런 트롤들과 마주치는 것은 그다지 유쾌하지 않은 일이고, 그들은 절대로 자신의 연기를 드러내지 않는다.

트위터 계정 뒤에 있는 사람의 동기가 무엇이든 자신의

발언에 맞서지 못하도록 상대방의 성적 지향(이성애, 동성애 혹은 기타 성향)을 들먹이는 언사는 매우 한심하고 옹색한 일이라는 데에 모두 동의할 것이다. 종교나 국적을 들어 누군가를 무시하는 언행도 마찬가지다. 그 어떤 기준도 특정 사람의 말을 무시할 이유가 될 수 없다.

## 전문가의 말은 모두 옳을까?

여러분이 위 발상에 명백히 동의한다면 좀 더 까다로운 예를 살펴보자. 한 국회의원이 SNS와 미디어를 통해 대중을 상대로 다음과 같이 선언했다. “국회의원들은 충분한 보수를 받고 있지 않다. 다음과 같은 이유 때문이다. (이유 나열)” 그러자 국회의원들이 돈을 충분히 많이 벌고 있다고 확신한 한 네티즌 혹은 활동가가 다음과 같이 반박했다. “당연히 그는 국회의원 급여를 올리고 싶어 한다. 자기가 국회의원이니까! 그 사람 말을 들어서는 안 된다. 그는 우리를 기만하고 있다.” 어떤가? 이 말의 근거는 적절한가?

이 논거는 인신공격에 해당한다. 여기서는 국회의원이 제시한 이유에 대해 이야기해야 한다. 이유가 타당하니 국회의원의 수당을 높여 주어야 한다거나, 나열한 이유가 적절하지 않기 때문에 설명이 좀 더 필요하다고 하는 식으로 말이다. 물론 국회의원 자신이 국회의원들의 수당을 높여야 한다고 주장할 때에는 매우 신중히 논거를 제시해야 한다고 말하거나, 이해 충돌의 가능성을 지적하는 것도 잘못은 아니다. 하지만 상대방의 신용을 떨어트리고 입을 다물게 하기 위해 그의 지위를 이용하는 것은 적합하지 않다. 보로미르가 아라곤이 부랑자라는 사실을 들어 아라곤의 신용을 떨어트리려고 한 것이나 반대로 레골라스가 아라곤이 어떤 왕의 자손이라는 이유로 그를 신뢰한 것이 적절하지 않은 것과 마찬가지다.

이것은 우리가 대화의 근본으로 들어가는 이유이자 건설적인 교류의 아름다움이기도 하다. 대화 속 주장의 진위를 파악할 때 각자의 사회적 출신, 지위, 학위는 고려하지 않고 오직 대화의 내용과 근거만을 고려하는 것이다. 대화의 근본으로 들어갈 의지 또는 시간이 없거나 손을 더럽히지 않고 빠른 결론만을 도출하길 원하는 경우가 아닌 한 '전문가' 혹은 사회적 지위가 높은 사람을 단지 그 이유만으로 신뢰하는 건 절대 적절치 않다.

이 마지막 논점은 무척 중요하다. 여러분은 어떤가? 당신에게는 진실에 가까워지기 위해 토론할 시간과 욕구, 에너지가 있는가? 있다면, 축하한다! 하지만 너무 어려워하지는 않아도 된다. 진실에 다가서고자 하는 욕구가 아무리 충만하더라도 우리 중 그 누구도 영원한 시간과 무한한 에너지를 가질 수는 없다. 때론 적절히 전문가의 말을 들을 필요가 있다는 말이다.

예를 들어 당신이 백신의 효능에 대해 전혀 모르고 이 문제를 파고들 용기나 시간이 없는 가운데 의사와 소방관의 의견이 불일치한다면, 소방관보다는 전문 지식을 갖춘 의사의 말을 듣는 게 당연하다. 의사의 말을 듣고 소방관은 무시하라. 그렇게 하면 잘못된 발언을 믿을 가능성을 최소화할 수 있다. 하지만 그래도 조심하자. 이것은 일종의 지름길이며 경우에 따라 매우 위험할 수 있다. 전문가가 아닌 소방관이나 일반인이 전적으로 옳은 경우가 얼마나 많은지 안다면 당신은 무척 놀랄 것이다. 또한 전문가의 말을 듣는 방법은 같은 분야에 속한 두 전문가가 서로 다른 의견을 낼 때는 효과가 없다. 이럴 경우 진실을 밝히려면 직접 두 전문가의 논거를 따져 보아야 한다. 어쨌든 이렇게 하는 것이 일반적으로 우리가 할 수 있는 최선의 방법인 것은 사실이다.

## 이해 충돌



인터넷에는 제대로 된 토론이 이루어지지 않고 인신공격이나 모욕으로 이어지곤 하는 주제가 몇 가지 있다. 동종요법을 둘러싼 논쟁이 그러하다. 동종요법에 반대하는 사람들의 주요 논거 중 하나는 동종요법이 플라세보 효과를 제외하고는 그 효력을 단 한 번도 재현 가능한 방식으로 증명하지 못했다는 것이다. 이렇게 효력을 증명하지 못했다는 점을 근거로 동종요법을 비난하는 데에 매달리는 사람들은 반대 진영으로부터 '빅파마(Big Pharma)', 즉 대형 제약사들의 사주를 받았다는 비난을 받는다.

2019년 5월, 벨기에 최초의 소비자 단체 테스트아샤(Test-Achats)는 다음과 같은 내용이 담긴 기사를 발표했다. "분석 결과 동종요법 약품과 식물을 사용한 전통 약품 중 어떤 것도 (플라세보 효과를 제외한) 그 효력을 증명하지 못했다." 다음 글은 온라인에 기사를 발표한 후 이 단체에 눈사태처럼 쏟아져 들어온 반응 가운데 하나에 불과하다. "제약업체의 사주를 받았나요? 정말 의심스럽네요. 어쨌든 저는 더 이상 당신들을 신뢰하지 않습니다. 그러니 다시는 저에게 구독을 하라거나 그런 말은 하지 마시길. 이제 끝입니다. 제 신뢰를 제대로 깨 버리셨네요. 차라리 온갖 부작용으로 사람들의 건강을 망쳐 놓고 빅파마의 주머니만 채워 주는 약에 대해 비판하시지요. 동종요법을 테스트해 보면 당신들도 결국 수긍하게 될 겁니다."

이해 충돌을 고발하는 듯한 이 반박은 이 소비자 단체의 분석이 필연적으로 편향되었다는 생각을 유도한다. 이해 충돌은 다루기 어려운 주제다. '이해 충돌'이라는 표현은 일반적으로 사실이나 사건을 왜곡하는 데에 금전적 이익이 따랐다고 여기게 한다. 상대방이 거액의 돈을 다루는 기업(혹은 그 분야)의 돈을 받았거나 그 기업을 위해 일하기 때문에 특정 주장을 펼친다는 것이다. 하지만 한 기업으로부터 돈을 받으면서 사실과 상충 없이 돈을 준 기업을 옹호하는 것도 불가능한 일은 아니다. 이해 충돌이 확실해 보일 때, 예를 들어 동종요법 효능을 전적으로 인정하는 한 의사가 동종요법 분야의 세계적 선두주자인 브아롱 연구소(Laboratoires Boiron)의 과학 고문이라면 그의 주장을 신뢰해야 할까? 문제는 간단하다. 그가 사실을 왜곡하거나 누락하지 않은 이상 이해 충돌은 문제 삼을 필요가 없다. 만약 토론의 본질을 해칠 정도로 이해 충돌 분쟁이 계속된다면, 그것은 인신공격이다.

금전적 이해관계에서만 이해 충돌이 발생하는 것은 아니다. 정치적 이해도 얽혀 있을 수 있다. 특히 대중들에게 밉보인 타깃을 공격하면서 대중을 선동할 때는 공정성이 결여되기 쉽다(이 내용은 트위터 이용자(@Matadon_)가 쓴 글에서 아이디어를 얻었다). 이데올로기적 이해관계가 얽힌 경우도 있다. 원자력을 재앙이라고 확신하는 사람은 사실과 배치될 때가 있더라도 편향된 입장을 유지할 것이다. 물론 그 반대도 마찬가지다. 원자력이 유일한 해결책이라고 굳게 믿는 사람들은 자신들의 생각과 일치하지 않는 사실은 무시하려 할 것이다. 이처럼 정치적 혹은 이데올로기적 이해 충돌은 어디에서든 찾아볼 수 있다. 다만 주제가 무엇이든 상대방이 누구이든 상대를 당황스럽게 만들기 위해 이해 충돌을 원용할 수 있다는 사실에는 의심의 여지가 없다.

토론에서 어떤 사람의 입장을 관찰하기 위해 이해 충돌을 고려하는 것은 중요하지만, 주제의 본질을 연구할 때는 주요 요소가 되지 않는다. 증명할 수는 없지만 상대방이 무언가를 감추고 있다는 원칙에서 출발하면 토론 중 당신의 태도는 그다지 건설적이지 않을 것이다. 자, 여기에 출력해서 집에 붙여 둬야 할 황금률이 있다. 아침마다 바깥세상과 마주하기 전에 큰 소리로 읽기 바란다. '반대로 생각할 확실한 이유가 없는 이상, 당신은 항상 상대방의 진정성을 믿어야 한다.'

동종요법의 효능을 비판한 소비자 단체의 예로 돌아와서,

테스트아샤와 제약 산업 사이에 어떤 관계가 있을까? 만약 있다면, 테스트아샤 측이 사실을 왜곡하도록 제약업계가 압박을 가했음을 우리가 증명할 때만 문제가 된다. 그렇지만 테스트아샤와 제약 산업 사이에 관련성이 있다고 믿을 이유가 전혀 없다. 게다가 테스트아샤의 공식 사이트에서 클릭 몇 번만 해 보면 이 단체가 어디에서 자금을 지원받는지 나타내는 도표를 볼 수 있다. 이들은 소비자로부터 99.2퍼센트, 기업으로부터 0.6퍼센트, 정부로부터 0.2퍼센트의 자금을 조달했다. 좀 불편히 여기는 사람도 있겠다만, 이 사실은 테스트아샤가 해당 결론에 독립적으로 도달했음을 가리킨다. 이 소비자 단체의 주장은 과학적 합의와 일치하며 수십 년 동안 실시된 수백 건의 연구를 근거로 한다.

반면 플라세보 효과를 제외한 동종요법의 긍정적인 효과에 관한 연구도 있었지만, 이 연구들은 단 한 번도 재현에 성공한 적이 없다('긍정적인 효과가 있다'라는 사실은 상당히 낮은 수준의 증거이다. '효과적인 치료'라고 하기 위해서는 신뢰할 수 있고 독립적인 연구소에서 재현할 수 있어야 한다). 이것이 잘하면 '거짓 양성'이라고 불리는, 최악에는 그냥 거짓이라고 하는 것이다. 즉 맹검법이나 위약 대조 등 치료 효과를 확인하는 절차를 거치지 않은 가짜 방법을 쓴 것이다. 이 문제에 대해 좀 더 자세히 알아보고 싶은 독자들에게 토머스 뒤랑

(Thomas C. Durand)의 책 『동종요법을 아시나요?(Connaissez-vous l'homéopathie?)』를 추천한다.



## 인내심을 발휘하자

상대방이 그레이엄 과녁의 보라색 원을 맞힌다면 어떻게 해야 할까? 다시 말해 우리는 인신공격에 어떻게 대처할 수 있을까? 상대방에게 생각을 좀 더 구체화해 보라면서 두 번째 화살이 과녁의 좀 더 안쪽을 맞힐 수 있도록 도와주자. "그럼 너는 동종요법에 대해 어떻게 생각하는데? 동종요법이 효과가 있다고 생각해?"라고 묻는 식이다. 그리고 SNS에서 만나는 사람들 대부분은 이 세상에 대한 의문의 답을 찾으려고 하지만, 동시에 그리 부지런하지 않다는 사실을 기억하자. 문제를 제기하는 사람들이 반드시 사안의 근본까지 파고들 시간과 에너지와 욕구를 갖고 있는 건 아니다. "당신은 학위도 없고 아무것도 모르기 때문에 X 약품에 대해서는 의사인 아무개의 말이 맞는다."라는 말만 반복하는 꽉 막힌 사람이 당신 앞에 있다면, 그저 입을 다물고 다음과 같이 생각하라. '이 사람은 오늘 문제를 깊이 파고들 에너지가 없고, 무엇이 옳고 그른지 구별하는 것은 의사의 전문성에 맡기고

싫어 하는군.' 최선은 차후에 그 사람이 각각의 논거를 살펴보기에 좋은 정신 상태에 있을 때 대화를 재개하는 것이다.

만약 그 사람이 단 한 번도 그런 정신 상태에 이르지 않는 것처럼 보이면, 이때 문제는 더 이상 토론하는 것이 아니다. 그에게 단순히 학위가 항상 진실의 증거가 되는 것은 아니라고 설명해야 한다. 학위 소지자가 틀렸거나 학위가 없는 사람이 옳았던 경우 혹은 상호 모순되는 주장을 하는 전문가들의 예를 보여 주면 된다. 오직 전문가들만을 신뢰하는 상대방은 크게 흔들릴 것이다. 서로 모순된 주장을 하는 전문가들의 예는 인터넷에서 쉽게 찾을 수 있다. 2020년 초 코로나 바이러스 1차 유행 당시 논란이 되었던 디디에 라울(Didier Raoult) 교수를 생각해 보자. 라울 교수는 적어도 본인만큼 유능하다고 인정받은 전 세계의 수많은 전문가와 대립했다.

— 분홍색 —

# 형식에 대한 공격

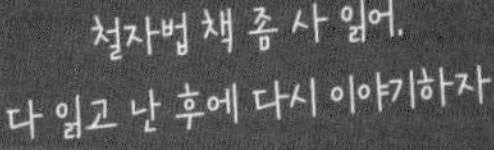

인신공격과 비슷하지만 다른, 그보다는 덜 비열한 형식에 대한 공격은 상대방의 위치나 상대방 자체를 공격하는 대신 발언 형식의 오류를 비난하여 그의 발언을 회피하거나 대중 앞에서 그의 신뢰를 떨어트리는 것이다.

## 발표 자료 속 난쟁이 요정은 문제일까?

형식에 대한 공격의 예를 하나 들자면, 자신과 마주한 사람의 취향을 문제 삼는 것이다. 다음 상황을 살펴보자. 상대방이 파워포인트로 자신의 아이디어를 발표하고 있다. 각각의 슬라이드에는 보라색 바탕에 난쟁이 요정들이 그려져 있고, 본문에는 코믹 샌즈 엠에스(Comic Sans MS) 폰트를 사용했다. 이럴 경우 메시지의 본질에 집중하기보다 프레젠테이션 자료에 대해 공격하고 싶은 유혹에 빠질 수 있다. 특히 메시지가 불편할 때는 더욱 그러하다. 아마 다음과 같은 말로 공격할 수 있을 것이다. “당신의 자료 생김새를 보면 당신이 하는 말을 진지하게 받아들일 수가 없다." 논쟁에서 이러한 방식으로 공격하는 것은 카리스마가 없다고, 맞춤법이 형편없다고, 복장이 특이하다고 그 사람을 무시하는 것과 마찬가지다. 그렇지만 이 모든 것은 그의 발언에서 관심을 거둘 충분한 이유가 되지 않는다.

### 코믹 샌즈 엠에스 폰트의 문제점은 무엇일까?

2012년, 유럽 입자물리연구소(CERN)의 물리학자 파비올라 자노티(Fabiola Gianotti)가 힉스 입자 발견을 발표하는 기자회견에서 코믹 샌즈 엠에스 폰트를 사용했다. 그러자 곳곳에서 당황스럽다는 반응이 터져 나왔다.

미국 주간지 〈타임〉은 그로부터 2년 전 코믹 샌즈 엠에스 폰트를 역사상 최악의 폰트로 꼽은 바 있다. 이 폰트를 비방하는 사람들은 이 폰트가 유치하고 엉성하고 서투른 느낌을 주며 분별없이 쓰이는 경우가 대부분이라고 이야기했다. 이 폰트는 1990년대 폰트 디자이너 빈센트 코네어(Vincent Connare)가 마이크로소프트사(폰트 이름에 'MS'가 들어 있는 연유다)의 어린이용 프로그램에 쓸 목적으로 디자인한 것이다.

수많은 그래픽 디자이너들이 전하고자 하는 메시지의 어조에 맞게 폰트를 사용해야 한다고 이야기한다. 하지만 2018년 7월 세워진 칠레 전 대통령 페드로 아기레 세르다(Pedro Aguirre Cerda) 조각상의 받침대나 2015년 그리스 총리가 속한 정당의 주요 인사들이 제출한 사직 문서, 2015년 제작된 네덜란드의 2차 세계대전 기념비 등의

▶▶

사례처럼 코믹 샌즈 엠에스 폰트가 계속해서 부적절하게 쓰이는 걸 막을 수는 없었다. 유튜브에 대중 과학 강연을 업로드하는 불어권 학자들이 크게 늘어나는 가운데, 그중 한 명인 수학자 레 응우옌 호앙(Lê Nguyên Hoang)은 수십만 명이 시청하는 영상에 코믹 샌즈 엠에스 폰트를 사용한다.

최근 몇 년간 SNS상에서 젊은 세대와 베이비부머 세대 간의 갈등이 불거지고 있다. 젊은 사람들은 자신들이 보기에 대부분이 옹졸하고 시대에 뒤처지고 거만한 베이비부머 세대와 자신들을 구별하려고 그 어느 때보다도 애쓰고 있다. 그 결과, 이메일이나 심지어 친족의 사망을 알리는 게시문에 쓰일 정도로 베이비부머들에게 인기가 많다고 알려진 이 폰트가 평가 절하되기에 이르렀다.

이러한 이유로 코믹 샌즈 엠에스 폰트는 해롭다고 여겨질 수 있다. 이 폰트를 사용할 경우 형식에 대한 공격을 받을 위험이 크고, 결과적으로 내용에 관한 관심을 떨어트릴 가능성이 매우 크다. 인터넷에 무료로 사용할 수 있는 수천 개의 대체 폰트가 있으니 굳이 고집스럽게 코믹 샌즈 엠에스를 쓰는 건 쓸데없는 일이라고 할 수 있다.

## 맞춤법 배우고 다시 와

카리스마 부족, 기괴한 옷차림, 고약한 취향과 마찬가지로 형편없는 철자법도 토론에서 불편한 상대를 제외할 때 쓰는 아주 쉬운 변명이 되었다. 오늘날 거의 모든 사람이 인터넷을 사용한다. 모든 사회계층이 인터넷을 이용하지만, 그중에는 기본적인 글쓰기 기술을 숙달하지 못한 사람들도 있다 (이 책의 주제는 아니지만 문맹이 여전히 남아 있다는 사실은 의무 교육을 시행하고 있는 국가에서 엄청난 사회적 실패다).

오늘날 인터넷에서든 어느 곳에서든 글쓰기 역량은 그 어느 때보다도 사회적 능력의 척도가 되고 있다. 그렇지만 철자법이 지능을 측정하거나 토론 참여 여부를 결정하는 기준은 아니다. 만약 누군가 엉망인 맞춤법으로 인간은 절대 달에 간 적이 없다는 증거를 갖고 있다고 주장한다면, 그 증거를 제시하라고 정중하게 요청한 후 논의하면 된다. 형식으로 인해 상대방이 제시한 증거를 이해하기 어려운 경우가 아니라면 형식을 문제시할 이유가 없다. 철자법이 약하다는 이유로 중요한 주제를 다루는 논의에서 누군가를 제외하는 것은 절대 용납할 수 없다. 그 사람이 제시한 주장을 제대로 이해하기도 전에 철자법을 이유로 그 주장을 과소평가하는 것보다는 그가 제시한 근거가 받아들여지도록 철자법을 바로잡는 걸 도와주는 게 올바른 태도일 것이다.

내가 지금 글과 말의 형식, 철자법, 어조가 중요하지 않다고 말하는 게 아니라는 점에 주의하길 바란다. 오히려 그 반대다. 토론에서 카리스마를 발휘하고 자기 생각을 정확하게 나타낼 줄 아는 것은 대단히 중요하다. 그렇기 때문에 여기에 강박 관념을 갖는 사람도 있다. 특히 유튜브에서 지식 전달자의 성공은 명확하고 이색적인 소통 형식을 기초로 한다. 시청자들의 즐거움을 위해 철저하게 마스크를 쓰고 기이한 복장을 입고 촬영하는 유튜브 채널 '데파카토르(DEFAKATOR)' 운영자가 가장 인상적인 예일 것이다. 유튜브 채널 '호러 후마눔 에스트(Horror Humanum Est)' 운영자는 동영상에 주로 검은색, 크림색, 강렬한 빨간색 등 제한적인 색깔만 활용한 독특한 스타일로 인터넷에서 자신의 영상을 쉽게 알아볼 수 있도록 했다. 그런가 하면 크리스토프 미셸(Christophe Michel)은 검은색과 흰색 이외의 색깔 사용을 최소화하여 독특하고 눈에 띄는 그래픽 효과를 사용한다. 사람들이 결코 그냥 지나칠 수 없는 현란한 하와이안 셔츠를 입고 영상에 등장하는 뛰어난 유튜브 채널 '심플렉스 팔레오(Simplex Paléo)'의 운영자는 또 어떤가?

글을 쓸 때 실수를 최소화하는 것은 카리스마 갖추기, 적절한 어조와 발음으로 말하기, 체계적으로 자기 생각 표현하기만큼 중요하다. 그렇지만 이런 부분이 중요한 건 단지 그것이 형식에 대한 공격 위험을 줄여 주기 때문이다.

##  그레이엄의 과녁을 사용한다는 미명 아래

이 책의 앞부분에서 반박을 표현하는 방법 중 신체적 폭력과 거의 다를 바 없는 방법을 다뤘다. 바로 모욕이다. SNS나 다른 여러 곳에는 훌륭한 논거를 내세우는 도중에 모두를 욕하는 사람들이 많다. 이들은 좋은 논거를 가지고 있음에도 그레이엄 과녁의 바깥쪽을 맞힌다. 그런데 나는 그레이엄의 과녁을 유튜브에 소개한 이후 흥미로운 현상을 발견했다. 과녁 애호가들이 상대방에게 모욕을 들을 경우 상대에게 논거가 있음에도 불구하고 그 논거를 듣지 않으려고 과녁을 내세우는 것이다. 이럴 경우 대화는 아래 고양이들 사이의 대화처럼 된다.

하지만 상대방의 중심 논거를 우회하기 위해 상대방이 과녁의 바깥쪽을 맞힌다고 불평하는 행위는 형식에 대해 공격하는 것으로, 본인 역시 과녁의 중심을 맞히지 못하는 것과 같다. 옆쪽 그림에서 실수한 건 오른쪽 고양이다. 왼쪽 고양이가 X가 거짓이라고 이미 세 번이나 증명되었음을 이야기하고 있지만, 여기에 별다른 호기심을 보이지 않는 걸 보면, 우리는 오른쪽 고양이가 일부러 논의를 회피하는 것으로 생각하게 된다.

상대방의 공격 수위나 어조가 어떠하든, 상대방이 근거를 가지고 있는 상황에서 대화 종결을 정당화하는 데에 과녁을 이용하는 건 잘못이다. 만약 상대방이 그레이엄 과녁의 서로 다른 여러 곳을 맞혔다면 중앙에서 가장 가깝게 맞힌 곳을 취해야 한다. 상대방이 무례하더라도 그 사람의 가장 좋은 논거를 취하면 당신은 토론을 진척시키고 토론의 분위기를 부드럽게 할 수 있다. 물론 상대방이 제시하는 최선의 논거가 인신공격이라면, 이건 첫 단추를 잘못 끼운 것이다.

## 형식에 대한 공격에 미리 대비하기

왜 내가 코믹 샌즈 엠에스 폰트가 마치 전염병인 것처럼 이야기하며 이 폰트를 사용하지 말라고 권하는 걸까? 나는 왜 매월 몇 시간을 들여 재미없는 맞춤법 규정을 살피는 걸까? 왜 대중 앞에서 발언할 때 옷차림과 머리 손질에 신경을 쓰는 걸까? 이 책의 모든 내용을 간결하고 학구적인 스타일로 쓸 수 있는데 왜 고양이 그림을 넣고 그레이엄의 과녁을 여러 가지 색으로 화려하게 그렸을까? 이 질문에 대한 대답은 토론에도 적용된다. 이처럼 외형을 신경 쓰지 않으면, 신경 쓰지 않았다고 비난받을 위험이 있기 때문이다. 내가 이 책을 더욱 매력적이게 만드려는 노력과 카리스마를 갈고닦는 노력을 하지 않으면, 토론에서 나를 제외할 구실로 이용할 위험이 있기 때문이다. 내 책이 실수로 가득하다면 사람들은 나를 비난하고 아무도 내 책을 읽지 않을 것이다.

이상적인 세상에는 형식에 대한 공격이 존재하지 않을 것이다. 그곳에서는 우리 모두 인내심이 극도로 강하고 시간도 많고 본질적인 메시지를 듣기 위해 발언자의 악취미나 카리스마 부족은 그냥 넘길 줄도 알 것이다. 안타깝게도 우리는 그런 세상에 살고 있지 않다. 우리는 형식에 대한 공격이 난무한 세상에 살고 있으며, 이러한 공격에 대비해 외모와 발성법, 철자법 등에 신경 쓰고 카리스마 있는 어조 사용을 훈련하는 등 완전무결해지기 위해 노력하는 세상에 살고 있다. 하지만 우리 모두 이상적인 상태에 다가가기 위해 함께 노력해야 한다.

동시에 타인의 결점에 관대해야 한다. 그 누구도 완벽하지 않기 때문이 아니다. 토론에서는 오직 내용만이 중요하기 때문이다. 이것이 이 책과 그레이엄 과녁의 메시지이기도 하다. 형식에 대한 공격에서 당신 자신을 지키라. 이와 더불어 당신도 완전무결하지 않은 다른 사람들에게 형식에 대한 공격을 하지 않겠다고 다짐하라. 이 조언이 논거의 잘못된 형식을 비판하지 않고 무조건 참아야 한다는 의미는 아니라는 걸 알아 두자. 상대방이 형식적 측면에서 부족한 부분을 보인다면 그가 공격의 희생양이 되지 않도록 주저하지 말고 부족한 면을 개선하도록 도와주어야 한다. 토론이나 대화에서 형식에 대한 공격이 벌어지면 논의가 황폐화되기 때문이다. 하지만 도와줄 때는 호의를 가지고 비공개적으로 도와주어야 한다. 절대로 건방진 태도를 보이거나 상대방의 신용을 떨어트릴 목적으로 대중 앞에서 행해서는 안 된다. 그건 형식에 대한 공격을 피하도록 도와주는 것이 아니라 오히려 당신이 공격하는 것이다!

그레이엄 과녁의 바깥 원을 맞히지 않기 위해 충분히 훈련하는 것은 아주 큰 도전이다. 토론을 더 잘하기 위해 엄청난 연습이 필요하지만 그것으로는 충분하지 않다. 다른 사람들도 올바르게 논의할 수 있도록 호의를 갖고 친절히 도와주어야 한다.

— 주황색 —

# 논거 없이 반박하기

시간을 낭비하기 위해, 혹은 이전보다 혼란스러운 상태로 나아갈 목적으로 타인과 토론하는 사람은 없다. 이런 측면에서 나는 다른 사람과의 토론에 약한 사람들이 매우 흥미롭다. 이들의 행동을 연구하면 토론 중에 결코 해서는 안 되는 것들을 모두 찾아낼 수 있기 때문이다! 토론 요령을 작성하고 훌륭한 토론 사례를 검토하는 것도 좋은 방법이다. 하지만 그것만으로 충분치 않다. 반드시 피해야 하는 잘못된 토론 방법도 정리해야 한다.

## 빨간색 원

그레이엄의 과녁에서 우리는 최악의 방법부터 덜 나쁜 방법까지 차등을 두어 구분한 바깥쪽 원들을 지나 드디어 빨간색 원 안으로 들어왔다. 속이 시원하기까지 하다! 지금부터 우리가 알아볼 반박 방법에서는 더 이상 발언의 내용을 교묘하게 회피하지 않는다. 안면 구타와 모욕은 이제 끝났다. 인신공격과 형식에 대한 공격도 끝이다. 지금부터는 좋은 방법에 대해 이야기할 것이며 주황색 원이 그 시작이다. 그렇지만 주황색 원은 아직 반박을 표현하기에 다소 부실하다. 몇 가지 예를 들어 보겠다.

82세의 제라르는 쾌활한 사람이다. 술을 무척 좋아하는 제라르는 식사에 함께하는 사람들의 잔은 반드시 차 있어야 한다고 생각한다. 그리고 자신이 장수하는 이유가 와인 덕분이라고 단언하면서 주위 사람들에게 자신과 똑같이 하라고 부추기는 것도 잊지 않는다. 이번 크리스마스에도 제라르는 이탈리아에서 공수해 온 고급 와인을 지인들과 나누었다. 하지만 제라르의 딸 뤼시는 아버지가 틀렸다고 생각한다. 제라르가 장생하는 게 와인 덕분이 아니라고 생각하는 것이다. 어느 날 뤼시는 더 이상 참지 못하고 아빠에게 소리쳤다. "아빠가 와인이 건강에 좋다고 아무리 말해도 소용없어요. 난 안 믿어요. 아빠는 술 좀 줄여야 하고, 내게 와인 마시라고 강요하지 좀 마세요."

다른 예를 들어 보자. 케빈의 친구는 케빈에게 몸매를 유지하는 데에는 과일 주스가 코카콜라보다 좋다고 한참 이야기했다. 그 친구는 각종 화학 물질이 든 탄산음료와 달리 과일 주스는 천연 성분으로만 이루어져 있기 때문에 얼마든지 마셔도 된다고 했다. 하지만 케빈의 생각은 다르다. "나는 그렇게 생각하지 않아. 과일 주스에 천연당만 함유돼 있다 하더라도 과일 주스 한 잔은 코카콜라 한 잔만큼 몸매 관리에 좋지 않아."

뤼시와 케빈은 방금 상대방의 의견에 반박했다. 많은 사람들에게 '반박하기'는 단순히 '그 말의 반대를 이야기하는 것'을 의미한다. 당신이 하얀색을 말했다면 그에 대한 반박은 검은색을 말하는 것이다. 당신이 공룡은 존재했다고 주장하면 상대방은 공룡은 존재하지 않았다고 이야기하는 식이다. 하지만 이 책에서 나는 '반박하다'라는 말에 좀 더 넓은 의미를 부여하겠다. 정확히 반대를 말하는 것뿐만 아니라 단순히 다른 주장을 표명하는 것도 반박이다.

소피가 우리에게 다음과 같이 말했다고 하자. "최고의 초콜릿은 밀크초콜릿이야." 이를 반박하는 첫 번째 방법은 "넌 틀렸어, 최고의 초콜릿은 화이트초콜릿이야."라고 응수하거나 "내가 생각하기에 최고의 초콜릿은 다크초콜릿이야."라고 대답하는 것이다. 한 가지 알아 둘 점은 뤼시나 케빈처럼 단순히 반대 주장만 표명하는 것은 토론을 진전시키는 데에 전혀 도움이 안 된다는 것이다. 그렇다고 후퇴시키는 것도 아니라는 점을 기억하자. 사실 이는 답보 상태에 놓이는 것이다.

## 사랑하는 사람들을 위하여

논거 없이 반박하기는 가족이나 친구 사이에서 자주 마주치는 의견 불일치의 한 형태다. 친구 또는 가족과 이야기할 때 그레이엄의 과녁 바깥 부분을 맞히고 싶어 하는 사람은 별로 없다. 그것이 상대방과의 관계를 위태롭게 할 것임을 본능적으로 느끼기 때문이다. 당신은 친구나 가족 들과 의견이 일치하지 않더라도 그들을 존중하기 때문에 인신공격이나 형식에 대한 공격은 피하려고 할 것이다. 이모가 좋아하는 꽃무늬 원피스가 이모의 취향을 의심케 하지만, 당신은 당신을 불편하게 만드는 주제에 대한 심도 있는 토론을 모면할 목적으로 그 원피스를 언급하지는 않을 것이다.

이렇게 특정한 상대방에게 특정한 행위를 자제하는 현상은 무척 흥미롭다. 가까운 이들과 대화할 때 우리는 본능적으로 과녁의 중앙에 가까운 곳을 맞힌다. 다시 말해 우리는 사랑하는 사람과의 의견 불일치를 표현할 때 그레이엄 과녁의 가장 바깥 네 개의 원을 맞히는 것은 문제가 있다는 점을 어렵지 않게 파악한다. 하지만 상대방이 우리와 어떠한 감정적 관계도 없는 모르는 사람이거나 대체로 마음에 들지 않는 사람이면, 바깥 원을 맞히는 것은 더 이상 문제가 되지 않으며, 심지어 상대방에게 '못생겼다' 또는 '셔츠 좀 다려

입어라' 따위의 말을 거리낌 없이 내뱉는다.

나는 이 부분이 대화가 탈선하게 되는 중요한 원인을 드러낸다고 생각한다. 우리의 대화가 탈선하는 이유는 호의와 공감의 부재 그리고 우리와 가깝지 않은 사람들을 돌보지 못하는 우리의 무능력이다. 잘못된 방향으로 흐르는 토의에서는 자신의 의견에 반박하는 상대방이 자신처럼 감정과 좋은 의도를 가진 한 인간이라는 사실을 알아채지 못한다. 가장 극단적인 경우 우리는 상대방을 악마로 만들어 버리고 만다. 결국 토론의 본질은 사라지고 모든 수단과 방법을 동원하여 다른 의견을 가진 사람을 이기는 것만이 목적이 되어 버린다.

타인과의 대화할 때, 눈앞에 있는 상대가 모르는 사람이고 그가 전투적인 태도를 보이더라도 그 상대방을 친구로 보려고 해야 한다. 상대방과 새해를 맞이하여 건배를 하고 함께 비디오 게임을 하거나 정원을 가꾸는 당신을 상상해 보라. 상대방의 입장이 되어 보려 하고, 이 사람도 당신처럼 감정이 있으며, 당신과 마찬가지로 이 세상에서 길을 잃고 답을 찾고 있음을 헤아려 보자. 키보드의 엔터 키를 눌러 반박의 표현을 담은 메시지를 보내기 전에 스스로에게 물어보라. "내가 이 메시지를 가장 친한 친구에게도 보냈을까? 엄마나 아빠에게도 보냈을까?"

아니라는 대답이 나오면, 당신이 보내려던 그 메시지는 그레이엄 과녁에서 빨간색 선 바깥쪽을 맞힐 가능성이 매우 높다. 좌우지간 당신에게 흥미롭고 깊이 있는 대화를 나눌 의향이 있다면, 단지 상대방의 입장에 반대하는 데에서 그치지 말자. 노란 원으로 도약하여 당신의 입장을 설명하라. 이는 당신의 논거를 견고하게 하고, 다른 사람의 논거 역시 확고히 하도록 도와줄 것이다!

### 벌레는 고통받지 않는다

사회심리학 분야에서 '비인간화'라는 개념은 한 개인이나 단체가 다른 사람들을 인간보다 열등한 존재로 지각하고 다루는 행태를 가리킨다. 다른 사람을 인간으로 보지 않는 것은 모든 형태의 악행을 용인하게 한다. 비인간화가 강할수록 물리적 제거라는 최악의 상황까지 치달을 수 있다. 또한 가까운 사람에게 가해졌을 경우 즉각적인 저항을 불러올 만한 행위에도 불편함을 느끼지 않게 된다.

— 노란색 —

# 논거로 반박하기

논거로 반박하기는 토론을 진전시키는 첫 번째 반박 방법이다.

## 논거 앞으로!

가엘과 레티시아의 예로 시작해 보자. 이 둘은 서로 모르는 사이이지만 〈왕좌의 게임〉 드라마 최신 시즌을 감상했다는 공통점이 있다. 가엘은 SNS에 다음과 같은 코멘트를 남겼다. "이번 시즌은 실망 그 자체다! 지난 시즌에 비해 속도감도 확 떨어졌다. 생략이 너무 많고 각 인물의 개성과 인생 역정을 무시한 시나리오는 말도 안 된다. 조잡한 기술력도 아쉽다. 예를 들어 시각적으로 지나치게 어두운 3화는 최악이었다." 그런데 가엘은 이에 동의하지 않는 레티시아와 부딪혔다. 이번 시즌이 매우 마음에 들었던 레티시아는 다음과 같이 맞받아쳤다. "난 당신의 의견에 동의하지 않는다. 시즌 8은 말 그대로 완벽에 가까울 정도로 정말 뛰어났다.

이번 시즌은 이제는 너무나 유명해진 장면을 한두 번도 아니고 여러 번 훌륭하게 보여 주었다. 극적이고 강렬하고 격한 감동을 주는 순간들이다. 와이드 샷이든 클로즈업이든 촬영 기법도 비할 데 없이 훌륭하다. 아름답게 마무리된 시즌 8은 전 시즌 통틀어 최고 중 하나다."

여기서 우리는 각기 논거를 갖춘 상반된 의견과 마주한다. 가엘과 레티시아는 단순히 상반된 의견만 제시한 것이 아니라 어떻게 자기 입장에 이르게 되었는지 근거까지 제시했다. 좀 더 향상시킬 부분이 있지만, 그럼에도 참 훌륭하다. 향상하면 좋을 부분은 우리가 그레이엄 과녁의 중앙에 가까워질 때 다시 다루도록 하겠다.

## 견고한 주장 펼치기

케빈의 사례로 돌아가 보자. 몸매 관리를 위해 과일 주스는 얼마든지 마셔도 된다고 주장하는 친구에게 케빈은 다음과 같이 말했다. "나는 그렇게 생각하지 않아. 주스에 천연당만 함유돼 있다 하더라도 주스 한 잔은 코카콜라 한 잔만큼 몸매 관리에 좋지 않아." 케빈에게 너무 박하게 굴고 싶지는 않지만 유감스러운 점은 케빈이 자신의 주장을 정당화하기 위해 아무것도 제시하지 않았다는 점이다. 케빈이 과녁의 주황색에서 노란색으로 옮겨 가려면 그는 다음과 같은 말로 본인의 주장을 견고하게 만들어야 한다. "과일 주스 한 잔도 코카콜라 한 잔만큼 몸매 관리에 좋지 않아. 과일 주스 한 잔에도 코카콜라 한 잔에 든 만큼 혹은 더 많은 당이 들어 있거든!" 또는 "과일 주스 한 잔도 코카콜라 한 잔만큼 몸매 관리에 좋지 않아. 인체는 천연당과 설탕을 구분하지 못하기 때문이야!" 아니면 두 논거를 섞어서 더 좋은 논거를 제시할 수도 있다. "과일 주스 한 잔도 코카콜라 한 잔만큼 몸매 관리에 좋지 않아. 둘 다 정확히 같은 양의 당을 포함하고 있고, 게다가 인체는 천연당과 설탕을 구분하지 못하거든."

과일 주스 한 잔이 코카콜라 한 잔과 동일한 양의 당을 포함하고 있다는 것은 사실이다. 라벨만 비교해 봐도 쉽게 알 수 있다. 음료 100밀리리터당 약 10그램 정도로 같은 양의 당이 포함되어 있다. 남은 문제는 '인체가 코카콜라의 설탕과 천연당을 동일한 방식으로 처리하는가'이다. 내게 이 주제를 살필 시간과 관심이 별로 없기 때문에 나는 영양사 카트린 르페브르와 같은 전문가의 의견에 맡기기로 했다. 르페브르는 다음과 같이 말했다. "설탕 혹은 정제당은 과당 50퍼센트와 포도당 50퍼센트로 구성되어 있다. 꿀이나 메이플 시럽 같은 천연당에는 과당과 포도당이 다양한 비중으로 존재하고 물도 포함한다. 그렇기 때문에 같은 무게의 천연당과 설탕을 비교하면 천연당의 당도가 설탕의 당도보다 낮다. 그리고 설탕에 있는 포도당과 과당은 인체에서 동일한 신진대사 과정을 거친다." 나는 그에게서 다음의 사실도 확인했다. "포도당은 혈류를 지나 혈당을 높인다. 포도당이 과도할 경우 지방이나 글리코겐 형태로 저장된다. 또한 과당은 혈류를 지나지 않고 간에 직접 도달한다. 과당이 과도할 경우, 포도당보다 더 빨리 지방으로 변한다." 끝으로 르페브르는 다음과 같이 조언했다. "기억해 둘 점은 모든 종류의 당 섭취를 줄여야 한다는 것이다. 그것뿐이다."

만약 케빈의 친구가 "하지만 과일 주스를 마시면 비타민과 미네랄을 섭취할 수 있지만, 코카콜라는 아니라고!"라는 말로 맞받아치면 어떨까? 아쉽게도 이는 무의미한 반박이다. 이 주장이 틀렸다는 것이 아니라 본래의 문제를 우회했다는 점이 잘못이다. 과일 주스에 비타민이 들어 있는 건 좋지만, 그렇다고 몸매에 관련된 근본적인 우려가 해소되는 건 아니다. 상황이 자신에게 불리하게 돌아가는 것을 본 케빈의 친구가 자신이 틀렸다거나 과장했다고 인정하는 대신 주제를 교묘하게 바꾸려고 하는 것이다. 케빈의 친구가 애초에 다음과 같이 주장했더라면 상황은 확실히 달랐을 것이다. "설탕이 많이 든 음료를 마시는 한, 과일 주스를 마시는 게 더 나은 선택이다." 그럼 과일 주스에 함유된 미네랄과 비타민을 근거 삼아 과일 주스와 코카콜라를 구분할 수 있을 것이다.

## 정확하게 조준하는 법

자, 이번에는 제라르의 딸 뤼시를 과녁의 주황색 원에서 노란색 원으로 보내 보자. 제라르는 와인이 건강에 좋다고 확신한다. 이에 동의하지 않는 뤼시의 말을 살펴보자. "아빠가 와인이 건강에 좋다고 아무리 말해도 소용없어요. 난 안 믿어요." 그는 근거를 설명하지 않고 '술은 건강에 좋지 않다고 생각한다'라는 말로만 제라르의 의견에 반박한 것이다. 다음과 같이 말했더라면 어땠을까? "아빠가 와인이 건강에 좋다고 아무리 말해도 소용없어요. 난 안 믿어요. 국제암연구센터(CIRC)는 술을 1급 발암 물질로 지정했어요. 즉, 술이 인간에게 암을 유발하는 게 확실하다는 거예요. 난 아빠의 건강이 걱정돼요. 아빠가 술을 좀 줄였으면 좋겠어요."

그리스·로마 시대에는 와인을 적당히 마시면 건강에 좋은 음료로 여겼다. 수돗물보다 더 위생적인 음료로 권장되기도 했다. 당시 수돗물은 마실 수 없을 때가 많았고, 현재의 엄격한 위생 기준과는 거리가 한참 멀었기 때문이다. 현재 우리는 와인, 맥주, 양주 등의 술을 마시면 암이 생길 위험이 있으며, 많이 마시면 이 위험이 더욱 커진다는 사실을 알고 있다. 구강암, 인두암, 간암을 포함한 7종의 암과 술의 인과 관계가 이미 밝혀졌다. CIRC에 따르면 프랑스에서 음주는 흡연 다음으로 암을 유발하는 가장 심각한 요인이다. 게다가 와인의 심혈관 보호 효과는 과학적 합의에 이르지 못하고 있다. 과학자들은 딱 한 가지 사실에만 동의한다. 와인에 심혈관 보호 효과가 존재한다고 하더라도 매우 미미하며, 이를 근거로 와인 소비를 정당화할 수 없다는 것이다.

프랑스의 와인 소비량이 1인당 평균 한 주에 한 병으로 세계 기록에 가까운 이상, 우리는 이 문제를 걱정해야 마땅하다. 하지만 프랑스 사람들은 와인 소비와 관련한 건강 문제보다는 접시에 남은 잔여 살충제나 젊은이들의 핸드폰 전파 노출로 인한 위험을 더욱 우려한다. 현재의 지식으로 볼 때 이러한 위험은 매우 약하다. 우리의 두려움과 현실 사이의 단절은 '와인 한 병이 잔여 살충제로부터 우리를 지켜 준다'라는 터무니없는 주장을 야기하기도 한다. 살충제는 그 자체로 암을 유발하지만 안심하시라. 와인을 마셔서 잔여 살충제로부터 안전한 것이 아니라, 이미 충분히 제거되어 암을 유발하지 않는 것이다.

## 잘못된 우선순위

또 하나의 불합리한 주장을 예로 들어 보자. 담배를 피우면서 전자파의 해악으로부터 자신과 지인들을 보호하기 위해 핸드폰과 안테나 설치에 열렬하게 맞서 싸우는 사람들이다. 전자파의 해악에 맞서는 이 사람들은 수 세기 동안 증명되어 온 흡연과 간접흡연의 파괴적 효과는 과소평가한다. 우리의 두려움은 우리가 일상에서 마주하는 위험과 일치할까? 보통 답은 '아니요'다. 하지만 술과 암, 전파, 살충제 문제는 각각 책 한 권으로 족히 쓸 정도로 가치가 있다.

### 전자파 과민성자에 대해

스스로 '전자파 과민성자', 즉 무선 주파수[*]에 노출되었을 때 다양한 이상 증상을 보이는 사람이라고 하는 이들이 있다. 이 사람들은 자신들이 '전자파 과민증'으로 고통을 받고 있으며 한계치 이하의 전자파에도 반응한다고 주장한다. '한계치'는 전자파의 대중 노출 기준을 정할 때 고려하는 수치이며 이를 넘어서면 보통 전자기장이 인체에 영향을 끼쳐 열 효과가 나타난다. 실제로 증상이 나타난다는 사실은 인정되었지만, 다수의 연구는 연구 대상자들이 실제 노출과 가상 노출을 구분하지 못했다고 밝혔다. 전자기장에 거짓으로 노출된 것만으로도 일부 연구 대상자들이 심각한 증상을 보인 것이다.

▶▶

▶▶

전자기에 민감한 사람들이 겪는 고통은 실제 고통이다. 하지만 현재로서는 그 고통의 원인을 전자파 탓으로 돌릴 수는 없다. 원인은 다른 데에 있는 것 같다. 아마도 정신생리학적 원인일 것이다(전자기에 민감한 사람들이 격렬하게 반박하는 결론이다). 2014년 초, 프랑스 북부 에손(Essonne) 지역 의회는 전자파 과민성자들이 전자파 차단 장치를 구입할 수 있도록 재정 지원 정책을 시행했다. 그러자 그해 5월 5일 프랑스 의학협회는 다음과 같이 반발했다.

"불필요하고 많은 비용이 드는 이 정책 시행을 조장하는 데 따르는 위험성을 여론과 각 단계의 의사 결정자들에게 알리는 것과, 과학적으로 안정성을 인정받은 전자파 보호 장치 판매 업체를 공식적으로 선정하는 것은 우리의 임무다." 그러고는 다음과 같이 덧붙였다. "그 어떤 규제도 활황세를 보이는 이 시장에 약삭빠른 상인들이 진출하는 것을 막지 못한다. 미디어는 불안을 키우고, 이러한 상품은 취약한 사람들을 대상으로 한다." 협회는 다음과 같은 말로 끝맺었다. "우리 의학협회는 행정적으로 고립되고 과학적으로 근거가 없고 의학적으로 역효과를 내는 미디어의 과대광고가 전자파 과민성자의 장애를 더욱 악화시키고 다른 증상들을 불러일으키는 것을 매우 유감스럽게 생각한다."

2018년 세계보건기구는 다음과 같이 선언했다. "20년 전부터 핸드폰이 건강에 잠재적 위험을 유발하는지 알아내기 위해 수많은 연구가 실시되었다. 하지만 오늘날까지 핸드폰 사용이 건강에 끼치는 어떠한 악영향도 입증되지 않았다." 물론 현대의 전자 기기에서 나오는 전자기파의 노출이 장기적으로 어떤 영향을 끼칠 것인지는 아직 상대적으로 잘 알려지지 않았다는 점도 말해 둬야겠다. 그렇지만 증거가 없는 한, 핸드폰을 추방하거나 전자기파를 사용하는 신기술 사용에 반대할 정도로 걱정할 이유가 없다. 장기적 영향이 아직 알려지지 않았다는 이유로 전자기파를 사용하는 기기나 기술을 금지하고, 몇몇 사람들의



▶▶

▶▶

느낌 이외에 다른 증거도 없이 이를 비난하면 사회적 퇴행이 일어나 우리는 산업화 이전 시대로 돌아갈지도 모른다. '알려지지 않은 영향'은 '악영향'의 동의어가 아니다.

당신이 핸드폰을 금지하지는 않되 '혹시 모르니' 사용을 제한하는 것이 한 방법이라고 생각한다면, 본인의 기기를 사용하지 않거나 안테나 근처에 가까이 가지 않을 수 있다. 그건 당신의 자유다. 반면 자신의 과도한 신중함을 타인에게 강요하거나 기기의 위험성에 대한 잘못된 이야기를 퍼트리는 것은 잘못이다!

---

- 무선 주파수란 핸드폰, 무선 인터넷 또는 방송에 사용하는 주파수를 포함하여 3kHz에서 300GHz 사이의 전자기파 주파수를 의미한다.

— 연두색 —

# 부차적 논점 반박하기

(음식에 와인을 넣어
조리하는 것의
장점에 대한 긴 설명)

너는 와인의 끓는점이 낮아서 금방 날아가기 때문에
와인을 넣어 조리한 음식에 알코올이 함유되지
않았다고 했는데, 그건 틀렸어. 자, 여기 조리하고
1시간 후에는 알코올 25퍼센트가, 2시간 후에는
10퍼센트가 남는다는 사실을 보여 주는 연구가 있어.
(연구 링크)

그레이엄 과녁의 중앙이 보이기 시작한다. 이제 본격적으로 시작해 보자. 앞에서 살펴본 주황색 원에서 한 것, 즉 반대 입장을 표명하고 논거로 주장을 공고히 하면서 반박하는 것은 엄지를 치켜세울 만하다. 유일한 문제는 서로 귀를 막고 대화하는 상황을 연출할 수도 있다는 것이다. 레티시아와 가렐이 아주 좋은 예다. 〈왕좌의 게임〉 시즌 8에 대해 다른 의견을 가진 이 둘은 각자 상대방이 하는 말에는 별로 관심을 두지 않고 자신의 주장만 되풀이했다.

## 이것은 인기 경쟁이 아니다

연두색 원에서 우리는 단순히 반대 의사를 표명하고 논증하면서 상대방과 의견이 일치하지 않음을 표현하는 데 그치지 않을 것이다. 상대방이 말하는 것을 듣고, 정말 제대로 듣고, 상대방 주장 가운데 최소 하나 이상을 직접 공격하면서 반박할 것이다. 목표는 상대방이 한 말의 오류를 논증해 보이는 것이다. 이 단계는 매우 호전적인 것처럼 보일 수 있다. 상대방이 한 말 중 하나를 공격하라고 한 것은 맞지만, 근본적인 개념을 강조하고 싶다. 이는 인신공격이나 형식에 대한 공격과는 다르다. 질문을 하나 해 보겠다. 각자가 상대방의 말을 공격하지 않고 적절한 방법으로 자기 생각과 그렇게 생각하게 된 이유를 말하는 주황색 원에 머물러 있으면 안 되는 걸까? 가장 설득력 있다고 판단되는 논거를 선택하는 것은 대화를 듣는 사람들의 자유에 맡기는 것이다. 아쉽게도 내 대답은 '아니요'다. 우리의 목표가 상대방의 기분을 최대한 덜 언짢게 하는 것이 아니고, 내 주장과 다른 의견을 모두 듣고자 함도 아니며, 다른 사람들과 인기 경쟁을 하려는 게 아니기 때문이다.

우리의 주요 목표는 이 세상의 진리에 다가가고, 못난 부분을 포함하여 세상을 있는 그대로 보는 것이다. 이 과정에서 나 자신의 신념을 포함하여 누군가의 개인적 신념과 충돌하고, 상대방을 언짢게 하거나 상처를 주어도 별수 없다. 누가 옳고 그른지 밝히기 위해 최선을 다하고 진위를 가리기 위해 노력해야 한다. 이 일은 물론 호의와 성숙한 태도를 바탕으로 서로를 존중하면서, 불필요한 상처를 피하면서 이뤄져야 한다. 그렇지만 누군가에게 상처를 줄지도 모른다는 두려움 때문에 진리 추구를 멈추는 것은 결코 받아들일 수 없는 일이다.

위 내용을 쓰면서 동물 실험에 관한 내 견해를 되짚어 생각했다. 지난 10년 동안 나는 동물들의 고통을 최소화하기 위해 육식을 거의 하지 않았다. 그렇지만 나는 지속 가능한 대체 수단이 없는 경우 과학 지식의 진전을 목적으로 한 동물 실험에 동의한다(이 입장을 정하기까지 꽤 오랜 시간이 걸렸다. 이는 내가 꽤 오랫동안 결정을 내리지 못하고 있었음을 뜻한다). 당신은 세상의 진리에 접근하는 것을 주요 목표로 두지 않거나 진리 추구보다 다른 윤리적 가치를 우선할 권리가 있다. 나는 진리 추구를 동물들의 권리보다 앞에 두었다. 당신이 진리 추구를 인생의 부차적 목표로 삼는다고 해서 당신이 나쁜 사람이 되는 건 아니다. 단지 인생의 주요 목표가 나와는 다른 사람일 뿐이다.

하지만 나처럼 일상의 주요 원동력이 사건과 사물의 진상을 파헤치고 이해하고 탐험하여 세상을 발견하는 것이라면 체념하고 받아들여야 할 것이 있다. 가끔은 희생도 불가피하며 팔을 걷어붙이고 자기 손을 더럽혀야 할 때가 있다는 것이다. 진리 추구를 할 때 벨벳 장갑을 끼고 타인의 논거에 다가가면 역효과가 날 수도 있고 진실을 발견하는 최고의 방법이 당신을 비켜 갈 수 있다.

자, 그러면 이제 그레이엄 과녁의 연두색 원을 겨냥해 보자. 연두색 원을 맞히는 것은 두 단계로 이루어진다.

1. 상대가 말한 내용을 인용한다. 어떤 내용을 인용할 것인지는 다소 자의적이다(과녁의 정중앙을 맞히려 한다면 그때는 더 이상 자의적으로 선택하면 안 된다).
2. 그것이 틀렸다고 말하고, 틀렸다고 생각하는 하나 이상의 이유를 제시한다. 즉, 상대방이 언급한 내용 가운데 당신이 선택한 부분을 반박하는 것이다.

## 전자파 과민성자 주장에 반박하기

전자파에 과민한 사람들의 사례를 살펴보면서 반박의 예를 들어 보겠다. 이들은 자신들에게 나타나는 증상이 심신증이 아니라 전자파에 의한 것임을 증명하는 논거가 있다. 이에 대해 앞서 그러했듯이 세계보건기구나 프랑스 의학협회의 의견을 인용해 전자파 과민성자들이 겪는 질병의 원인이 전자파가 아니라고 주장할 수도 있다. 하지만 이 논쟁을 끝내는 더 좋은 방법은 그들이 내놓은 논거를 파고드는 것이다.



프랑스의 전자파 과민성자 보호 단체가 운영하는 '일렉트로상시블'이라는 웹사이트(electrosensible.org)에는 이 문제에 대한 요약 문서가 올라와 있다. 문서의 첫머리에는 세계보건기구 사무총장을 지낸 노르웨이 출신 그로 할렘 브룬틀란(Gro Harlem Brundtland)이 몇 미터 떨어진 곳에서 핸드폰이 켜져 있는지 꺼져 있는지 알아낼 수 있다는 내용이 담겨 있다. 놀랍다! 하지만 정말일까? 인터넷에서 브룬틀란 전 사무총장이 핸드폰이 내뿜는 전자파에 민감하여 고통받고 있으며 과민성이 심각해져 4미터 떨어진 핸드폰까지 느낄 수 있을 정도가 되었다고 주장한 2000년대 초반에 시행한 인터뷰 글을 찾아볼 수 있다. 인터뷰에서 브룬틀란은 여러 번의 테스트를 거쳤다고 주장했는데, 그가 말한 테스트는 주변 사람들에게 전원을 켰는지 껐는지 자신에게 알리지 않은 휴대폰을 주머니에 넣고 자신의 사무실로 오도록 한 것이었다. 브룬틀란은 핸드폰이 켜져 있을 때 자기 몸이 반응을 일으켰다고 주장했다. 그렇다고 해서 브룬틀란이 꺼진 핸드폰에도 반응했다는 사실이 배제되는 건 아니다. 우리는 알 수 없다. 그가 "테스트에서 나는 항상 켜진 핸드폰에 반응했다."라고 말한 것 이외에는 다른 인터뷰가 없기 때문에 우리는 알 수 없다.

한편 저널리스트 토마스 엘고(Thomas Ergo)는 2012년 기사에서 브룬틀란이 단 한 번도 독립적으로 테스트를 진행한 적이 없으며, 연구가들의 테스트 제안을 모두 거절했다고 알려졌기 때문에 브룬틀란 전 사무총장의 상태는 미스터리로 남았다고 이야기했다. 엘고는 이어서 2013년 노르웨이 보건부 장관 요나스 가르 스퇴레(Jonas Gahr Støre)의 말을 인용했다. "전자파 과민성자들이 겪는 증상의 정신생리학적 원인에 대해 의사를 표명하고 싶지 않다. 다만 지금 내가 말할 수 있는 것은 그로 할렘 브룬틀란은 핸드폰을 자주 사용하고 핸드폰으로 인터넷 서핑을 하며, 그로부터 고통받는 것처럼 보이지 않는다는 것이다."

여기서 우리가 알 수 있는 사실은 다음과 같다. 브룬틀란은 한때 전자파 노출로 고통받는다고 주장하면서도 독립적인 테스트는 거부했고, 몇 년이 지난 후에는 더 이상 전자파 노출에 고통받지 않는 듯한 모습을 보였으며, 이와 관련하여 더는 말하고 싶지 않은 것처럼 보인다. 안타깝게도 브룬틀란의 사례가 오늘은 스스로 전자파 과민성자라고 진단하고 훗날 언젠가 자신들의 병이 전자파와 아무 관련이 없다는 사실을 알아차릴 수도 있는 수백, 수천 명의 사례보다 설득력 있는 건 아니다.

일렉트로상시블은 토마스 엘고의 글을 언급하지 않지만 그로 할렘 브룬틀란의 이력은 상세하게 기술하고 있다. 브룬틀란이 세계보건기구 전 사무총장을 지냈고, 노르웨이 총리를 수차례 역임한 정치 최일선에서 활동한 정치인이며, '지속 가능한 개발'이라는 개념을 널리 알린 인물이라는 내용이 웹사이트에 게시돼 있다. 하지만 이 중 어떤 것도 브룬틀란이 2000년대 초반에 시행한 인터뷰에서 전자파에 관해 이야기한 진술을 더욱 명확하게 밝혀 주지 않는다. 저명한 선의의 정치인도 실수할 수 있고 자신에게 나타나는 증상을 잘못된 원인 탓으로 돌릴 수 있다. 똑똑하고 명석한 사람이 실수하는 건 항상 있는 일이다. 결론적으로 우리는 몇 미터 떨어져 있는 휴대폰이 켜졌는지 꺼졌는지 알아내는 브룬틀란의 능력은 물론 그가 전자파 노출을 자신이 겪는 고통의 원인이라고 지목한 것에 의문을 제기할 수 있다.

나는 일렉트로상시블 웹사이트의 이 한 부분을 파헤치는 데에만 해도, 글을 읽고 인터넷 검색으로 브룬틀란 전 총장에 대한 자료를 찾고 노르웨이어로 된 인터뷰 기사를 번역하느라 오후를 통째로 보냈다. 이처럼 과녁의 노란 원보다 안쪽을 맞히는 데에는 시간이 많이 든다.

어떠한 주장이든 그 주장을 견고하게 하기 위해서는 탐색과 검색이 필요하다. 유효한 반박을 위해 상대방의 논거 하나를 최선을 다해 공격하는 것은 더더욱 많은 시간과 에너지가 필요하다. 많은 사람들이 논거에 대해 오랫동안 논의하기보다 논거 없이 반박하거나 모욕 또는 형식에 대한 공격, 인신공격에 그치는 이유 중 하나이기도 하다. 탐색하는 시간도 덜 걸리고 상대방이 말하는 것을 꼭 이해하지 않아도 할 수 있는 방법이기 때문이다. 하지만 이러한 태도로는 진실에 조금도 다가갈 수 없고, 심지어 진실에서 더 멀어지게 된다.

## 타인을 도와주기, 동의하지 않더라도

우리가 시간을 들여 잘 준비해도 상대방의 생각이나 말의 오류에 대한 우리의 논증이 무효가 될 수 있음을 반드시 명심해야 한다. 잘못된 정보로 반박하기, 즉 잘못된 추론을 하는 경우다. 잘못된 정보를 가지고 상대방에게 틀렸다고 말하기는 매우 쉽다. 잘못된 추론은 모욕이나 공격보다 덜 빈번하게 일어나기는 하지만 드물지 않게 일어나고, 상대방의 화를 자극할 수 있다. 상대가 잘못된 추론을 하고 있다면 우리는 무엇을 할 수 있을까?

앞에서 보았듯이 완전무결한 주장을 펼치는 것은 가능하지 않고, 상대를 비난하지 않는 것만으로는 충분하지 않다. 훌륭한 비판적 사상가는 다른 사람들이 좋은 논거를 제시하도록 도와야 한다. 자신의 토론 능력 향상에만 관심을 두어서는 안 된다는 말이다. 구체적으로 말하자면 타인이 토론을 더 잘하도록, 주장을 견고히 하도록, 이미 내놓은 논거보다 무너뜨리기 어려운 양질의 논거를 만들 수 있도록 도와야 한다. 상대방의 주장이 마음에 안 들더라도 도와야 한다!

만약 누군가가 아동 납치 살인마 마크 뒤트루(Marc Dutroux) 같은 몇몇 역겨운 벨기에인들을 근거로 삼아 "벨기에인들은 똥 냄새를 풍긴다."라는 발상을 옹호하면, 벨기에 사람인 나는 분명 논지가 마음에 들지 않을 것이다. 하지만 훌륭한 비판적 사상가라면 그가 자신의 주장을 더욱 강화하도록 도와야 한다. 예를 들어 무작위로 선택한 역겨운 벨기에인 목록보다는 과거 참혹했던 벨기에의 식민 지배 사실처럼 논증적 관점에서 볼 때 더 적합한 무언가를 제시하라고 제안할 수 있다. 아무래도 벨기에인에 대한 그의 비난을 뒷받침하는 데에는 벨기에의 비참한 과거가 강조하기에 훨씬 더 나은 것처럼 보인다. 물론 유효한 방법으로 타인의 논거를 강화하는 것은 논거를 제대로 무너뜨리는 것만큼이나 어렵고, 이처럼 타인의 논거를 강화하는 데 도움을 주는 사람은 거의 없다.

마지막으로, 긴 발표를 마친 당신의 아이디어나 말에 반박하려고 하는 누군가와 맞닥트리면 그의 공격이 처음에는 유효하지 않더라도 두 팔 벌려 그 사람을 맞이하는 것을 잊지 말자. 당신의 발언에 대한 공격을 당신에 대한 공격과 혼동하지 말자. 빨간색 원 안에서 유람하는 상대방을 환영하라!

— 초록색 —

# 중심 주장 반박하기

너는 $(a+b)^2=a^2+2ab$라고 했어.
하지만 이 결과를 가져온 너의 주요 전개는 틀렸어.
내가 왜 그런지 보여 줄게.

상대방의 발언과 생각, 진술에 단순히 반대하는 것은 상대방을 취약하게 만들 수는 있어도 상대방의 주장을 무너뜨리기에는 충분하지 않다. 그렇기 때문에 우리는 이보다 더 잘 반박해야 한다. 이제는 중심 주장을 파악하고 이를 무너뜨리기 위한 행동 계획을 세워야 한다. 사실 상대방의 말을 빠짐없이 모두 반박할 필요는 없다. 중심 주장을 받치고 있는 하나 혹은 몇 개의 기둥만 무너뜨리면 충분하다.

## 그레이엄 과녁의 한가운데

과녁의 초록색 원을 맞히는 것은 두 단계로 이루어진다. 먼저 상대방의 중심 주장을 요약한다. 상대방의 말 몇 구절을 인용하면 좋다. 그다음 상대방 주장의 중대한 결점을 열거하고, 이를 근거 삼아 주장에 반박한다.

첫 번째 단계는 두 번째 단계만큼 까다롭다. 상대방의 중심 주장을 파악했다고 생각했지만 아닌 경우가 매우 빈번하다. 상대방의 주장이 아닌 말을 그의 주장인양 멋들어지게 제시하면 바보 취급을 받거나 상대방의 발언을 왜곡하는 사람으로 간주될 위험이 있다. 상대방의 발언을 왜곡하는 여러 궤변들은 이 책의 2부에서 살펴보겠다.

상대방의 논점을 제대로 파악했는지 확인하는 손쉬운 방법이 있다. 내가 요약한 내용을 상대방에게 제시하고 확인받는 것이다. 그리고 상대의 발언을 요약하는 데 상대방을 참여시킬 수 있다. 대부분 자신의 발언에 관심을 두는 것에 기뻐하며 기꺼이 동참할 것이다. 상대방의 메시지와 논거를 제대로 이해했다고 그에게 확인받으면, 이제 다음 단계로 넘어가도 좋다. 상대 의견에 대한 올바른 이해를 바탕으로 핵심 논거에 대한 타당한 반대 의견을 제시하면, 상대방은 분명 크게 충격받거나 자신의 주장에 문제가 있다고 인정할 것이다. 이겼다!

## 신은 존재하는가?

진화론을 대중화한 생물학자 리처드 도킨스는 이 시대 가장 유명한 영국 학자 중 한 명이다. 도킨스는 1976년 유전자를 중심으로 한 진화론을 대중화하고 '밈(meme)'이라는 용어를 처음 소개한 자신의 저서 『이기적 유전자』를 출간하며 널리 알려졌다. 또한 2006년 펴낸 『만들어진 신』은 200만 부가 팔리고 30여 개의 언어로 번역되었다. 『만들어진 신』에서 도킨스는 다음과 같이 말했다. "어떤 한 사람이 망상으로 고통받으면 우리는 그것을 광기라고 부른다. 그리고 다수가 광기로 고통받으면 우리는 그것을 종교라 부른다."

미국 철학자 앨빈 플랜팅가(Alvin Plantinga)는 이 책을 탐탁지 않아 하며 책의 중심 요지에 동의하지 않는다고 했다. 그의 발언을 살펴보자. "리처드 도킨스는 책에서 초자연적인 창조자가 없다고 이야기한다. 창조자는 엄청나게 복잡할 것이고, 어떤 것이 복잡할수록 개연성은 떨어진다는 것이다. 하지만 신학자들은 신은 전혀 복잡하지 않으며 단순한 실체라고 주장한다. 게다가 도킨스는 어떤 존재의 구성 요소가 우연히 배열되었다면 그것은 복잡하다고 했다. 하지만 신은 하나의 영(靈)이며 물질적 요소로 구성되지 않았다. 따라서 도킨스가 책에서 복잡하다고 여긴 조건에 신은 해당하지 않는다."

앨빈 플랜팅가가 반박을 표현하는 방식을 기억하자. 플랜팅가는 앞부분에서 도킨스의 중심 논거를 파악하여 간결하게 요약한 후, 이를 반박한다. 여기에서 플랜팅가는 과녁의 중심에 이르는 훌륭한 예시를 보여 주었다.

과녁의 한가운데를 맞춘 예를 하나 더 소개한다. "제가 할아버지가 한 말을 제대로 알아들은 거라면, 할아버지는 요즘 젊은이들은 예의범절도 모르고 나태하고 즉각적인 욕구 충족의 세계에서 살고 자기밖에 모른다고 강력히 주장하고 있어요. '오늘날 만연한, 아이를 왕처럼 키우는 문화가 세상이 자신의 욕구와 안락함을 위해 돌아가야 한다고 생각하는 이기주의자 세대를 만들어 냈다'라고 쓰기도 하셨죠. 하지만 흥미롭게도 비슷한 담화가 고대와 중세, 르네상스 시대의 유럽에도 있었어요. 할아버지의 주장은 사실 아주 잘 알려진 사회학적 현상을 반영하고 있어요. 한 세대가 나이가 들고 은퇴에 가까워짐에 따라 구세대를 대체하는 신세대를 혐오하는 경향을 보이고, 구세대에게서도 똑같이 나타나는 특징을 들어 신세대를 비난하는 현상이에요."

회의주의를 표방하는 사람 중에는 과녁의 중앙을 맞히지 않으려는 경향, 나아가 위험을 무릅쓰고 붉은 원의 밖을 맞히려는 경향이 강한 이들이 있다. 나 역시 때때로 그러하며 그럴 때는 나 자신이 자랑스럽지 않다. 하지만 향후 토론에서 그레이엄 과녁을 활용할 생각이라면, 가운데를 맞히지 못하더라도 자기 자신을 너무 박하게 대하지 말자.

완벽이란 존재하지 않는다. 실수를 인정하고 다음번에 더 잘하기로 마음먹는 데에 만족하자. 당신에게도, 당신의 상대방에게도 중요한 것은 과녁의 중심에 최대한 가까이 맞히는 것임을 반드시 기억하자.



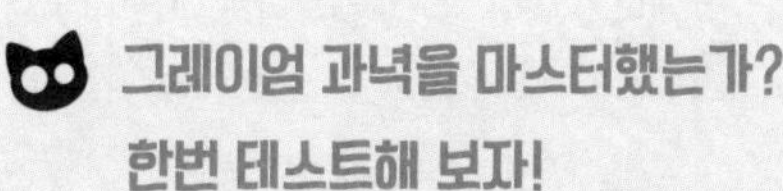


전기 설비를 판매하는 한 기업의 부사장이 몇 년 전부터 판매가 부진한 신제품 판매를 촉진하기 위한 계획을 지방 영업팀에게 발표했다. 부사장의 발표가 끝나자 모두가 정중하게 박수를 보냈고 질문을 하는 직원은 아무도 없었다. 부사장은 그대로 본사로 돌아왔다. 하지만 부사장이 떠난 후 여기저기서 뒷말이 나오기 시작했다.

**다음의 반응을 읽고 각각의 반응이 그레이엄 과녁의 어떤 색 원에 해당하는지 표시하라.**

▶▶

▶▶

**A** 맙소사! 부사장의 말투가 어찌나 거만한지! ○○○○○○○○

**B** 부사장은 우리가 타깃을 잘못 설정해서 판매가 부진하다고 했는데, 그건 사실이 아니야. 경쟁이 치열해졌기 때문이라고! ○○○○○○○○

**C** 난 부사장의 계획이 야심 찬 계획이라고 생각해. 누군가 무언가를 제안해야 할 때였어! ○○○○○○○○

**D** 이봐요, 어제 그 영화 봤어요? 마지막 장면이 너무 감동적이어서 밤새 생각이 나더라고요! ○○○○○○○○

**E** 부사장의 전략은 절대 안 먹힐 거야! ○○○○○○○○

**F** 과거에 우리 남성들이 일을 하는 동안 여성들이 집에서 육아를 한 것은 다 이유가 있어서였어. 게다가 아주 잘 했다고. 나는 여성이 부사장을 맡는 건 잘못이라고 생각해. ○○○○○○○○

**G** 부사장은 자기 계획만큼이나 멍청해! 우리가 소비자를 잘못 알았든 아니든 그건 문제가 아니야. 부사장이 내놓은 계획은 도심 소비자에게는 효과가 있지만 이곳에 있는 농촌 소비자들에게는 통하지 않는 전략이야. 농촌 소비자들은 좀 더 전통적인 매체로 정보를 얻거든.
○○○○○○○○

**A** 맙소사! 부사장의 말투가 어찌나 거만한지! ○○○●○○○○

형식에 대한 공격에 해당한다. 부사장의 목소리 톤이 거만했을 수는 있다. 하지만 부사장이 떠난 뒤에 이 점을 지적하는 것은 부사장의 메시지 본질에는 관심을 기울이지 않고 단지 그에 대한 신뢰를 떨어트리는 효과를 낼 뿐이다. 고양이 한 마리가 죽었다.

**B** 부사장은 우리가 타깃을 잘못 설정해서 판매가 부진하다고 했는데, 그건 사실이 아니야. 경쟁이 치열해졌기 때문이라고! ○○○○○○●○

이번에는 부사장의 말을 인용한 후 반박했다. 과녁의 정중앙을 맞히지는 못했지만 가깝기는 하다. 이 사람은 부차적 논지를 반박했는데, 굉장히 잘한 것이다!

**C** 난 부사장의 계획이 야심 찬 계획이라고 생각해. 누군가 무언가를 제안해야 할 때였어! ○○○○○○○○

이 예시에서 발언자는 부사장 주장에 '동의'를 표현했다. 그레이엄 과녁은 의견 불일치를 다루기 때문에 이 발언자를 과녁 위에 위치시킬 수 없다. 다른 사람들과 동의를 표현하는 방법을 단계별로 나타내는 일종의 보완 과녁을 만드는 것도 가능할 것이다. 이 예시는 논거 없이 상대방의 의견에 동의하는 방법을 취했는데, 내 생각에 이 시점에서 이 방법이 주는 이득은 매우 제한적이라고 생각한다.

**D** 이봐요, 어제 그 영화 봤어요? 마지막 장면이 너무 감동적이어서 밤새 생각이 나더라고요! ○○○○○○○○

이 반응은 부사장이나 부사장의 발표와 전혀 관련이 없다.





▶▶

▶▶

E 부사장의 전략은 절대 안 먹힐 거야! ○○○○●○○○

논거 없는 반박이다. 지지부진한 상태지만 적어도 고양이가 다치지는 않았다.

F 과거에 우리 남성들이 일을 하는 동안 여성들이 집에서 육아를 한 것은 다 이유가 있어서였어. 게다가 아주 잘 했다고. 나는 여성이 부사장을 맡는 건 잘못이라고 생각해. ○○●○○○○○

인신공격이다. 우리는 부사장이 여성인가 남성인가 고양이인가에는 관심이 없다. 부사장의 성별이나 목 부분이 깊게 파인 옷이 아닌 부사장이 한 말을 고민하자.

G 부사장은 자기 계획만큼이나 멍청해! 우리가 소비자를 잘못 알았든 아니든 그건 문제가 아니야. 부사장이 내놓은 계획은 도심 소비자에게는 효과가 있지만 이곳에 있는 농촌 소비자들에게는 통하지 않는 전략이야. 농촌 소비자들은 좀 더 전통적인 매체로 정보를 얻거든.

○●○○○○○●

이 예는 다소 어렵다. 메시지를 두 부분으로 나눠서 분석해야 하기 때문이다. 뒷부분이 부회장 메시지의 중심 요지로 보이는 부분을 파악하고 이를 반박하면서 과녁의 중앙을 맞히는 반면, 첫 문장은 단순한 모욕이다. 당신이 만약 이러한 분석을 제대로 해냈다면, 축하한다! 첫 문장만 제외하고 이 예시를 기억해 두자. 다른 사람들과 대화할 때 그들의 가장 훌륭한 논거는 취하고 나머지는 용서해 주자.

# 과녁의 기원

토론의 기술 여행을 계속하기 전에 지금까지 살펴본 '그레이엄의 과녁'의 기원을 먼저 알아보자.

## 어떻게 동의하지 않을까?

2008년 3월 컴퓨터 과학자 폴 그레이엄은 자신의 블로그에 의견 차이를 표현하는 방법을 피라미드식 계층구조로 정리한 '어떻게 동의하지 않을까?'라는 제목의 글을 올렸다(http://www.paulgraham.com/disagree.html). 그레이엄은 피라미드의 형태는 인터넷에서 각 표현 형식이 쓰이는 빈도를 반영한다고 설명했다. 그에 따르면 피라미드의 가장 아래에 위치한 '모욕'이 단연코 가장 빈번하게 사용된다.

10년 후 그레이엄의 피라미드는 널리 보급되어 비판적 사고를 추구하고 토론을 잘하는 사람들이 사용하면서 하나의 레퍼런스가 되었다. 그러던 중에 2019년 2월, 유튜브 크리에이터 크리스토프 미셸(Christophe Michel)이 공유한 그레이엄의 피라미드를 본 웹 개발자 브뤼노 르지외르(Bruno J. S. Lesieur)가 다음과 같은 의견을 남겼다. "피라미드 형태의 표현은 (매슬로우의 피라미드처럼) 아래 단계가 위 단계를 쌓기 위한 기반이라고 믿게 하는데, 그건 그레이엄의 의도와 다르다. 과녁 형태의 표현이 더 적합할 것 같다!"

같은 시기, 나는 피라미드의 일정 단계 사이에 '모든 게 잘 되고 있는 토론'과 '즉시 멈춰야 할 토론'을 구분하는 빨간색 경계를 표시하면서 피라미드 그림을 현대화했다. 아래 그

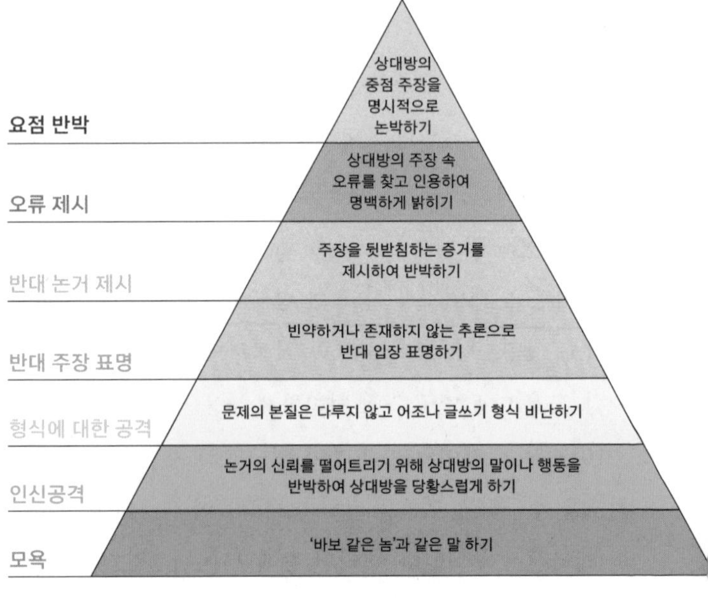

그레이엄의 피라미드

려진 새로운 버전의 피라미드는 비록 SNS에서는 큰 성공을 거두었지만 당시 나에게는 충분치 않았다.

브뤼노 르지외르의 글을 읽고 피라미드보다는 과녁 형태에 매력을 느낀 나는 크리스토프 미셸에게 영감을 받아 이 책의 주제가 된 과녁을 만들었다. 나는 피라미드에서 과녁으로 형태를 다르게 한 것 이외에도 신체적 공격에 해당하는 가장 바깥 원을 더해 그레이엄의 피라미드와 차별화했다. 사람들은 내가 추가한 이 단계를 재밌어하며 더 많은 단



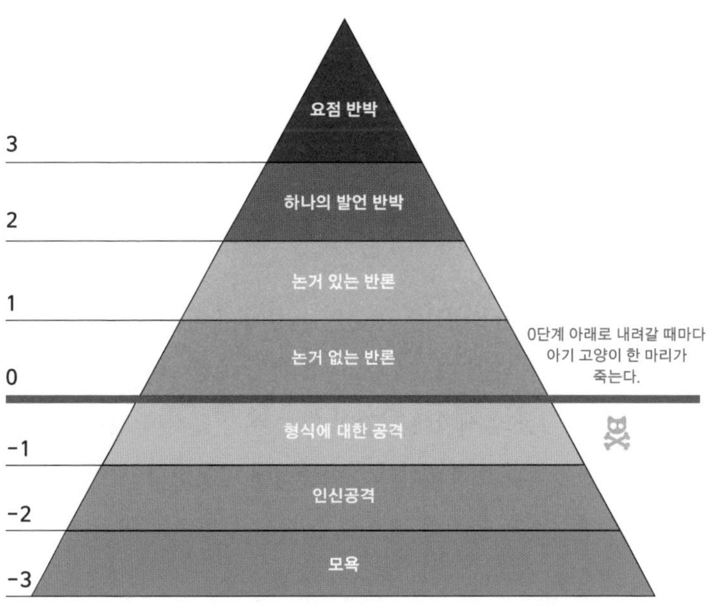


내가 발전시킨 새로운 피라미드

계를 제안해 왔다. 다음은 내가 받은 추가 단계의 예시다.

-5점: 그의 아파트에 깽판을 놓는다.

-6점: 그의 도시를 파괴한다.

-7점: 그의 나라를 침략한다.

-8점: 그가 사는 우주를 파괴한다.

이 모든 원을 추가했다면 너무 산만해졌을 것이다. 나의 목표는 과녁의 바깥이 아닌 중앙으로 시선을 끄는 것이기에 이를 추가하지는 않았다.

## 색에 담긴 의미

그레이엄은 피라미드 각 부분의 색깔에 대해 별로 고민하지 않은 듯하다. 내가 그 주제에 대해 생각해 본 유일한 사람인 것 같다. 사물의 색깔에 민감한 나는 서양 문화에 깊이 박혀 있는 빨간색과 초록색이라는 이중성에 주목했다. 서양 문화에서 빨간색은 금지의 색으로, 초록색은 자연과 안전, 안정의 색으로 인식한다. 가장 바깥 원을 검은색으로 선택한 것도 다 이유가 있다. 검은색은 다양한 의미를 내포하고 있으며 권위와 우아함을 상징하기도 하지만, 무엇보다도 죽음을 나타내는 색이다(유럽 문화에서 각 색상이 갖는 의미를 알아보고 싶다면 미셸 파스투로의 『색의 인문학』을 읽어 보길 권한다).

빨간색 경계선으로 과녁의 원들을 구분하기로 한 선택은 잘 받아들여졌지만, 그 위치에 대해서는 의견이 분분했다. 논거 없는 반박을 빨간 원 밖에 두어 좀 더 엄격하게 적용해야 한다는 사람이 있는가 하면, 형식에 대한 공격을 빨간 원 안쪽에 포함해 좀 더 느슨하게 해야 한다고 주장하는 사람도 있었다. 그런가 하면 크리스토프 미셸처럼 이러한 구분이 그레이엄의 기존 작업을 왜곡한다며 빨간 원을 없애야 한다는 의견을 제시하는 사람들도 있었다. 그럼에도 나는 '신체적 폭력'부터 '형식에 대한 공격'까지는 아기 고양이를 죽이는 행위라고 생각한다. 달리 말하자면, 토론 중 누군가가 과녁의 빨간색 원 바깥을 맞히면 토론을 멈추고 토론의 규칙을 다시 정해야 한다. 토론이 과녁의 바깥쪽으로 격화할 위험이 커지기 때문이다.

## 2부

# 궤변의 축제

- 허수아비 공격 궤변
- 전통에 호소하는 궤변
- 지역에 호소하는 궤변
- 인기에 호소하는 궤변
- 자연에 호소하는 궤변
- 생존 편향
- 잘못된 인과관계 오류

친애하는 독자 여러분, 나쁜 소식이 하나 있다. 그레이엄의 과녁은 악의가 있는 자들도 쉽게 활용할 수 있다는 것이다. 과녁의 방향을 틀면 힘들이지 않고 쏘는 화살마다 중앙에 가까운 곳을 맞힐 수 있다. 이 기술의 달인들이 있는데, 몇 가지 가상의 예를 들어 보겠다.

## 부당한 방법으로 명중시키기

선거가 다가오자 펠릭스가 몹시 싫어하는 포퓰리스트 메도르는 자신의 새로운 정책을 발표했다. 메도르의 선거 운동을 훼방 놓기로 결심한 펠릭스는 페이스북에 다음과 같은 글을 올렸다. "여러분은 메도르의 정책집을 읽어 보았나요? 메도르는 정책집에 모든 줄무늬고양이는 테러리스트라고 했습니다! 하지만 나는 테러리스트가 아닌 줄무늬고양이를 알고 있어요. 메도르는 지나친 일반화를 하고 있네요. 정말 대단합니다!" 기술적인 측면에서 이 글은 그레이엄 과녁의 거의 중앙을 맞히는 예가 될 수 있다. 펠릭스는 메도르의 터무니없는 발언을 인용한 후 그 발언을 논박했다. 모욕도 없고, 형식에 대한 공격과 인신공격도 없고, 논거 없는 반박도 아니다.

나쁘지 않았네요, 펠릭스. 하지만 메도르는 자신의 정책에 모든 줄무늬고양이가 테러리스트라고 쓰지 않았고 이에 대한 어떤 암시조차 하지 않았다. 사실 펠릭스는 그 정책집을 읽지도 않았다. 그렇지만 펠릭스의 고발 메시지는 많은 관심을 받았고, 수많은 사람들이 이 메시지를 인용하며 자신의 증오를 쏟아냈다. 동시에 메도르의 정책집에서 해당 대목을 찾아낸 펠릭스를 치켜세웠다. 펠릭스의 글을 본 티그루는 다음과 같은 글을 올렸다. "메도르가 줄무늬고양이에 관해 쓴 것을 보고 대경실색했다! 누군가가 메도르를 혼쭐내 주면 좋겠다."

몇몇 사람들이 메도르가 자신의 정책집이나 다른 곳에 줄무늬고양이는 테러리스트라고 선언한 적이 절대로 없음을 지적했다. 하지만 펠릭스는 이런 사람들이 수면 위로 나타나지 않도록 막고 그들의 목소리가 들리지 않도록 가능한 한 모든 방법을 동원했다.

부당한 방법으로 과녁의 중심을 향해 화살을 보내는 최고의 방법은 하나 혹은 여러 개의 궤변의 활용하는 것이다. 앞에서 살펴본 가상 예시에서 펠릭스는 세상에서 가장 오래된 궤변인 '허수아비 공격 궤변'을 사용했다.



고대 그리스에서 소피스트(궤변론자)들은 수사학과 설득의 기술을 가르쳤다. 소피스트들의 목적은 청중이 누구든, 의회든 재판의 배심원단이든 단순히 가족이든 간에 상관없이, 무슨 수를 써서라도 청중을 설득하는 것이다. 윤리, 정의, 진리는 중요하지 않았다. 소피스트들에게 중요한 건 오직 '설득' 그 자체였다. 그렇기 때문에 언뜻 보기에는 설득력 있고 일관성 있지만 애써 논거를 파고들면 꼭 그렇지는 않은 논법이 발달하기까지 했다. 이것이 바로 궤변이다. 처음에는 '궤변'이라는 말에 모욕적인 의미는 없었지만 시간이 지나면서 이를 폄하하는 사람들이 크게 늘었다(플라톤은 가장 유명한 비방자 중 한 명이다).

기억해야 할 것은 궤변은 기만적 논리의 논증이라는 사실이다. 궤변은 엄밀하고 정확하게 논증하는 듯하지만 실제로는 타당하지 않은 논법이다. 우리는 때때로 일부러 궤변을 사용하기도 하지만, 의도치 않게 사용하기도 하니 조심하자. 수많은 선의의 사람들이 일상에서 자기도 모르는 사이에 궤변을 쓴다. 하지만 장기적으로 볼 때 궤변은 항상 진리로 가는 길을 가로막는다. 아무리 좋은 명분이 있어도 궤변을 사용하면 역전이 일어나는 건 시간문제다. 궤변은 모든 주장과 그 반대를 옹호할 수 있기 때문이다. 상대방에게 A는 좋고 B는 나쁘다는 사실을 납득시키기 위해 궤변을 사용했는데 상대방이 이 궤변을 그대로 사용하여 C를 옹호하고 D를 나쁜 것이라고 한 경우를 살펴보자. C와 D 가운데 D가 옳은 경우 당신은 난감해진다. 상대방의 말을 바로잡으려고 할 때 A를 옹호했던 것이 사실 유효하지 않았음을 인정해야 하기 때문이다. 이처럼 궤변을 잘못 사용하면 체면을 구길 위험에 놓이게 된다.

기만적 논리는 옳은 것을 옹호하든 옳지 않은 것을 옹호하든 당신이 세상을 있는 그대로 보고 세상의 비밀을 간파할 기회를 최대화하기 위해 되도록 최소한으로 써야 한다. 궤변이 아닌 타당하고 정당한 논리가 당장에 사람들의 생각을 바꾸는 효과는 적더라도 장기적으로 보면 항상 더 바람직하다.

2부에서는 가장 흔한 궤변 중 몇 가지를 알아볼 것이다. 여러분이 그 궤변들을 쉽게 알아채고 바보가 되지 않기를 바라는 마음에서 쓴 것이지만, 무엇보다 우리 스스로 그 궤변들을 사용하지 않았으면 하는 바람이 더 크다.

# 허수아비 공격 궤변

수천 년 전부터 사용된 허수아비 공격 궤변은 상대방의 주장을 다르게 이야기해 상대방을 혼란에 빠뜨리는 것이다. 이 기만적 논거를 가리키는 표현은 적을 대신해 허수아비를 세워 놓고 하는 전투 훈련법에서 따왔다. 허수아비 공격 궤변을 쓰는 사람은 상대방에 직접 맞서지 않고 상대방의 주장과 비슷해 보이지만 부실한 유사 주장을 만든 다음, 이를 공격하면서 상대방의 주장과 이 가짜 주장이 다를 바 없다고 선언한다. 가장 극단적인 형태는 허수아비 공격 궤변을 쓰는 자가 협박과 비난, 힘으로 상대방의 이의를 억압하는 것이다. 희생자는 다음과 같이 부인할 것이다. '나는 절대로 그런 말을 한 적이 없다!' 하지만 악의에 찬 허수아비 공격자는 반박한다. '그런 말을 한 적은 없지만, 매우 강하게 그런 생각을 했고, 나는 당신의 발언을 풀이해 주었을 뿐이다!' 혹은 다음과 같이 거짓말을 할 것이다. '아니야, 당신이 그랬잖아!'

허수아비 공격 궤변을 성공하기 위해서는 여러 방법을 쓸 수 있는데, 그중 몇 가지를 소개한다. 첫째, 상대방 논거의 일부에만 집중하여 마치 전체 논거를 반박하는 것처럼 그 부분을 반박하는 것이다. 이러한 접근법은 과녁 중간의 바로 옆을 맞히고는 중앙을 맞혔다고 믿게 만들려는 것으로 설명할 수 있다. 다시 말해 다소 자의적인 발언 하나를 반박하면서 중심 논지를 반박하는 것으로 믿게 하는 것이다.

둘째, 상대방의 주장을 과도하게 부풀리는 방법이다. 상대방의 주장에 광범위하고 과장된 의미를 부여하여 자연스럽게 경계 밖으로 확장해 버리는 것이다. 그런 다음 상대방의 과장된 표현을 공격하거나 공모자가 대신 공격해 주기를 기다린다.

셋째 방법은 펠릭스가 한 것처럼 거짓 진술을 퍼뜨리고 그 진술이 상대방의 의견이라고 주장하면서 이를 반박하는 것이다. 마지막으로 쉽게 비판받을 만한 행동이나 신념을 가진 가상의 인물을 만들고, 이 인물이 우리가 비판하는 그룹을 대표하는 인물이라고 주장하는 방법도 있다.

## 허수아비를 공격하는 사람들

다음은 허수아비 공격의 구체적인 예시다.

한 나라의 대선 후보 두 명이 토론 중이다. 1번 후보가 공약을 발표한다. “내가 대통령에 당선되면 병원들이 재정 지원을 더 많이 받을 수 있도록 신경 쓰겠습니다.” 그러자 2번 후보가 상대방에게 비난의 화살을 겨눈다. “아! 드디어 본색을 드러내는군요. 당신은 이 나라를 너무나도 싫어해서 국방비를 줄여서 우리를 무방비 상태로 방치하려 하는군요!” 하지만 1번 후보는 국방비를 줄여서 병원에 지원하겠다고 한 적도 없고, 국가를 증오한다거나 국가를 무방비 상태로 내버려 둘 생각이라고 말한 적이 없다.

또 다른 예를 살펴보자. 한 점성가가 선언했다. “점성술에 반대하는 이들은 천체가 사람들에게 영향을 끼치지 않는다고 우긴다. 선원들에게 가서 달이 조수 간만에 영향을 주지 않는지 물어보라!” 점성술에 반대하는 사람들은 일반적으로 천체가 그 무엇에도 영향을 끼치지 않는다고 주장하지는 않는다. 더더군다나 달이 조수 간만을 일으키지 않는다고 주장하지 않는다.

다음 사례는 어떨까. 여성 배우만 등장하는 영화가 개봉했다. 이 영화를 본 다비드가 다음과 같은 비판을 트위터에 올렸다. “영화는 형편없다. 시나리오는 열 살짜리 아이가 쓴 듯하고, 세트와 특수 효과는 한 20년 전쯤 기술 수준 같으며, 배우들에게는 어떠한 열의도 없다.” 이 비판에 다음과 같은 답이 달렸다(실제 트위터에 올라온 내용을 기반으로 했음을 밝힌다). “이 영화는 100퍼센트 여성에 관한 영화인데 이상하다. 다비드는 여성을 좋아하지 않는 듯하다. 뭐 어쨌든, 여성 혐오자라는 것들은 정말 웃긴다. 그의 빌어먹을 비판이 그토록 인기를 얻었는지 알 것 같다.” 다비드는 배우들의 연기와 영화 전체에 대해 비판했을 뿐이고 여성에 대한 그의 의견은 별문제가 되지 않았다. 설령 다비드가 실제로 여성 혐오자일지라도 해당 글만으로 이 사실을 확정하기에는 충분치 않다.

# 전통에 호소하는 궤변

그것이 2세기 동안 지속했다고 해서 그것이 믿을 수 없을 정도로 못생겼거나 멍청하거나 잔인하거나 부도덕하지 않다는 뜻은 아니야.
SINCE 1820

역사성에 기대는 논증 또는 전통에 호소하는 궤변은 관습을 이유로, 어떤 실행 방법이나 발상이 오래되었다는 사실을 들어 그 유효성을 인정받는 것이다. 비판적 사고 및 회의적 사고를 바탕으로 한 과학 연구 집단 르 코르텍스(Le Cortecs)는 공식 웹사이트(cortecs.org)에서 전통에 호소하는 궤변을 다음과 같이 요약한다. "X=b라는 발상은 아주 오래되었다. 그렇기 때문에 X=b는 사실이다." 이 논거의 한계를 파악하기는 꽤 쉽다. 예를 들어 '이 나라에서 수 세기 동안 그래 왔기 때문에 바꿔야 할 이유가 없다'라는 논거로 금주령을 옹호하는 사람은 수 세기 전부터 미성년자에게 음주가 허용되는 다른 나라에서 정확히 똑같은 논거로 미성년자의 음주 권리를 옹호할 수 있다.

## 전통에 호소하는 궤변의 예

대선 후보자 한 명이 자국에서 결혼이 항상 여성과 남성 간에 이루어졌음을 강조했다. 그리고 자신이 당선되면 수천 년 동안 이어져 내려온 전통을 지키기 위해 결혼에 관해서는 어떤 변화도 반대할 것이라고 약속했다. 하지만 후보자의 국가에서 결혼이 항상 남성과 여성 사이에서 이루어졌다고 해서 배타적인 혼인 제도가 좋은 발상이라고 할 수는 없다. 수천 년 전부터 성별이 같은 사람 사이의 결혼만 허용되는 가상의 국가의 후보는 성별이 다른 사람 간의 결혼에 반대하기 위해 똑같은 논거를 이용할 수 있다.

세계적인 와인 매거진 '라 르뷔 뒤 뱅 드 프랑스(La Revue du vin de France)'의 편집장 드니 사브로(Denis Saverot)는 술이 사회와 사람들의 건강을 피폐하게 만든다고 강조하는 보건 당국의 공격에 익숙하다. 2020년 1월호 사설에서 사브로는 다음과 같이 썼다. "우리는 반발해야 한다. 와인 산업의 붕괴와 와인 문화의 퇴보를 옹호하는 기생충 같은 협회에 대한 재정 지원을 멈춰야 한다." 드니 사브로는 완벽한 소피스트이기도 하다. 그의 트위터에서는 전통에 호소하는 궤변을 마주할 수 있다. "의학책 한 권을 펼쳐 보라. 1914년까지 약제의 60퍼센트는 와인이나 알코올을 베이스로 했다. 당신은 우리 조상들이 2000년 동안 실수했다고 생각하는가?"

우리는 사브로의 논거에 있는 오류를 증명하기 위해 수많은 과거 문화에서 수 세기 혹은 수천 년 동안 노예 제도를 허용했음을 제시할 수 있다. 우리는 현재 우리 정신에 인권이 단단히 뿌리내린 시대에 살고 있다. 노예 제도가 폐지되었다는 사실은 적어도 조상들이 이 문제에 대해서 틀렸음을 암시한다. 그러니 드니 사브로는 조상들의 의학과 치료법에 대해 조금이라도 의심해 봐야 한다. 거기에는 분명 잘 알려진, 말도 안 되는 것들이 있다. 1914년까지 약제의 60퍼센트가 와인이나 알코올을 베이스로 했다는 사실은 오늘날 우리가 와인을 마셔야 하는 확실한 이유가 될 수 없다.

하지만 전통에 호소하는 궤변에 대한 거부와 단순한 전통 거부를 혼동해서는 안 된다. 아주 견고한 논거를 바탕으로 타당성을 온전하게 증명하는 전통도 많기 때문이다. 북아메리카와 중앙아메리카의 다양한 원주민들은 오래전부터 지금까지 주식으로 옥수수와 붉은 콩을 함께 먹고 있다. 이러한 그들의 식습관을 단순히 전통이기 때문에 계속 이어 가야 한다고 생각하는가? 그건 이 전통을 정당화하는 나쁜 방법이다. 다음과 같은 근거를 제시한다면 아주 훌륭한 논증이 될 것이다. "우리 조상들은 시행착오를 거쳐 이 곡물 쌍이 우리 몸에 필요한 필수아미노산을 제공한다는 사실을 깨달았다. 우리가 주식을 바꾸지 않는 건 필수아미노산 결핍을 막기 위한 것이다. 나는 위험을 감수하지 말고 우리가 해왔던 대로 계속하길 바란다." 실제로 육식을 하지 않는 전통적 식생활에는 식물성 단백질을 섭취할 수 있는 특정 식자재 짝이 존재한다. 서로 부족한 필수아미노산을 보완하는 곡물과 콩류 조합이다. 이 조합은 지리에 따라 달라지기도 한다. 지중해에서는 듀럼밀과 병아리콩, 북유럽에서는 귀리와 완두콩, 중앙아메리카에서는 옥수수와 붉은 콩, 인도에서는 쌀과 렌틸콩의 조합을 찾아볼 수 있다. 하지만 이러한 조합들은 동물성 단백질이 넘쳐나는 현대 식생활(인류 역사에서 처음 생긴 일이다)에 그다지 적합하지 않다. 현재에는 우리가 전통 곡물-콩류 조합을 포기한다 해도 필수아미노산이 결핍될 위험은 없다. 하지만 서양에서 고기를 점차 덜 먹고자 하는, 급기야 접시에 고기를 올리지 않으려는 경향이 있기 때문에 우리는 이러한 조합을 바탕으로 한 요리가 유행할 것이라고 예측할 수 있다.

## 예전이 나았다 vs 나중이 낫다

전통에 호소하는 궤변은 동일한 구조의 기만적인 반대 궤변을 갖고 있다. 바로 어떤 생각이나 실행 방법의 혁신적 특성이 유효성을 보장한다고 주장하는 새로움에 호소하는 궤변이다. 여기에서 사용하는 논법은 이렇다. 'X=b는 전대미문의 참신한 발상이다. 그러므로 X=b는 사실이다.' 대부분 사람이 기술의 최선두에 서려고 하는 현대 사회에는 새로움에 호소하는 궤변이 특히나 일상화되었다. 개선된 부분이 미미한데도 새로운 스마트폰이 더 낫다고 떠벌리는 수많은 광고가 그 증거다. 이전 버전의 스마트폰과 비교했을 때 형태와 외장 외에는 전혀 다른 점이 없는 제품이 출시되기도 한다.

우리는 종종 식료품 라벨에 '새로운 조리법', '새로운 맛', '개선된 조리법'이라고 기재된 것을 볼 수 있다. 하지만 수년에서 십수 년간 17개 제품을 추적해 온 한 독일 소비자 협회(www.vzhh.de)에 따르면 이러한 언급 뒤에는 제품 속 비싼 재료의 함유량이 줄었다고 한다. 잼의 '새로운 조리법'에는 일반적으로 이전 조리법보다 설탕은 더 많이 들어가고 과일은 덜 들어간다. 따라서 '새로운 조리법'과 같은 말은 질이 떨어진 제품을 같은 가격에 팔기 위한 연막처럼 보인다. 심지어 가격을 올리면서 '더 풍부해진 맛!'이라고 하는 뻔뻔함을 보이는 제조업자도 있다. 광고에서 새로움에 호소하는 궤변의 예를 많이 볼 수 있는데 그중 몇 가지를 소개해 본다. '최신 다이어트 요법', '1월 1일부터 완전히 새롭게 달라집니다'. 어떤가, 식당이나 세차장, 영화관 입구에서 볼 수 있는 전형적인 문구 아닌가?

정치에서도 비슷한 현상이 발견된다. 예를 들어 신임 교육부 장관은 교육 정책을 변경하며 혁신적인 자신의 개혁이 시스템의 효율성을 크게 높일 것이라는 생각을 전달하려고 애쓸 것이다. 하지만 실제로 파헤쳐 보면 오히려 악화할 가능성도 다분하다.

### 새로움에 호소하는 궤변과 혁신

전통에 호소하는 궤변과 전통을 혼동해서는 안 되는 것처럼 새로움에 호소하는 궤변과 혁신을 섞어 버리면 안 된다. '새로운 것'이라는 사실을 근거 삼아 모든 것을 정당화하는 사람들에게만 반대하자. 만약 어떤 혁신이 이전의 상황과 비교하여 가치 상승을 가져다준다면, 이 가치 상승을 강조해야 마땅하다.

# 지역에 호소하는 궤변

지역에 호소하는 궤변은 한 제품의 가치를 지리적 근접성으로 정당화하는 것이다. 기후 변화에 맞서야 하고 인류 공동의 미래에 대한 두려움이 더욱 커지고 있는 상황에서 지역에 호소하는 궤변에 반박하는 것은 특히나 어렵다. 이 궤변을 설명하면 다음과 같은 반응을 보이는 사람이 많기 때문이다. "하지만 당신도 지역 제품을 소비하면 상품 운송이 줄어들기 때문에 이산화탄소 배출량을 줄일 수 있다는 사실을 부인하지는 못할 것이다." 이산화탄소 배출량을 줄이기 위해 지역에서 난 상품을 소비하는 것은 타당한 일이며, 이는 지역에 호소하는 궤변의 예시가 아니다.

지역에 호소하는 궤변은 이산화탄소 배출량을 줄이기 때문이 아니라 단지 우리 지역에서 나온 제품이라는 이유로 해당 제품이 필연적으로 더 좋거나 가장 좋기 때문에 이를 구매해야 한다고 정당화하는 것이다. 이것은 순 틀린 말이고, 순진하거나 편협한 사람만이 그런 말을 믿을 것이다. 우리나라의 초콜릿이 맛있다면 프랑스와 독일, 영국, 스위스의 수많은 초콜릿이 틀림없이 그만큼 맛있을 수 있다. 지역에 호소하는 궤변을 피하려면 이산화탄소 배출량을 줄이고자 한다는 등 현지 제품을 선호하게 할 만한 타당한 근거를 찾아야 한다. 한쪽에는 현지에서 난 딸기를, 다른 한쪽에는 전 세계에서 온 딸기를 놓고 블라인드 테이스팅을 실시하여 맛을 비교하게 할 수도 있다. 현지 딸기가 이기면, 이는 지역 산물이어서가 아니라 모두가 그 맛을 선호하기 때문이다.

## 이국적인 것에 호소하는 궤변

지역에 호소하는 궤변도 반대 궤변이 있다. 이국적인 것에 호소하는 궤변이다. 어떤 것과 우리 사이의 큰 시간 차이가 믿을 만한 품질의 근거나 진위를 가리는 기준이 아니듯이, 어떤 것의 지리적, 문화적 거리도 품질이나 진위의 척도가 될 수 없다. 모든 문화는 잘못된 면이 있다. 마야 문명에는 인간을 제물로 바치는 풍습이 있었고, 인도 사회에는 도저히 용납할 수 없는 불평등의 원인이 된 아주 엄격한 카스트 제도가 존재하며, 남성우월주의는 수많은 문화에 내재되어 있다. 우리는 각각의 문화와 문명을 객관적으로 분석하여 올바른 것은 채택하고 그른 것은 버릴 수 있어야 한다.



하지만 많은 곳에서 지역에 호소하는 궤변을 쓴다. 대체

요법 치료사는 지역에 호소하는 궤변을 전통에 호소하는 궤변과 함께 사용한다. 침술을 '중국 전통 의학에서 기인한(이국적인 것에 호소하는 궤변) 수천 년 전부터 쓰인(전통에 호소하는 궤변) 방법'으로 묘사하는 것을 예로 들 수 있다.

가장 인상적인 것은 정작 자신이 궤변을 쓰는지도 모르고 완전히 자의적인 방식으로, 어떨 때는 이국적인 것에 호소하는 궤변을 쓰고 어떨 때는 지역에 호소하는 궤변을 쓰는 사람들의 사례다. 다음과 같은 경우를 들 수 있다. '우리 영화도 좋은 영화가 많은데 왜 미국 영화를 보려고 해?'(지역에 호소하는 궤변), '이 약을 써 봐! 동양 의학으로 만든 약이래!'(이국적인 것에 호소하는 궤변). 궤변을 뒤집어 보면 이러한 말들의 논거가 얼마나 빈약한지 알 수 있다. '이 영화는 아무 데서 온 영화가 아니야. 미국 영화야!'(이국적인 것에 호소하는 궤변), '이 약은 브아롱 연구소에서 개발한 국산 약이야. 써 보고 약효가 어떤지 알려 줘.'(지역에 호소하는 궤변)

# 인기에 호소하는 궤변

이 지방에 있는 마을에 사는 사람들은 대부분
유령을 믿어. 너는 그 사람들이 전부
틀렸다고 생각하니?

허수아비 공격 궤변만큼이나 오래된 인기에 호소하는 궤변은 놀라울 정도로 단순하다. 인기에 호소하는 궤변은 많은 사람들이 동조한다는 이유 하나만으로 어떤 입장, 주장, 아이디어, 종교를 옹호하는 것이다. 2017년 조사에 따르면 미국에서는 성인의 30퍼센트, 즉 약 8000만 명이 총기를 소지하고 있다고 한다. 무척 큰 수다. 총기 소지 권리를 옹호하는 사람 중 많은 사람들이 이를 인용하며 다음과 같은 주장을 한다. "당신들 그거 알아? 8000만 명의 미국인이 틀릴 수는 없다고!"

프랑스에서 동종요법에 건강 보험 혜택 적용 중지가 법적 유효성을 인정받기 전, 동종요법 의사들은 건강 보험 적용을 유지하기 위해 인기에 호소하는 궤변을 엄청나게 많이 썼다. 동종요법 건강 보험 유지를 지지하는 사람은 자신들이 만든 사이트(monhomeomonchoix.fr)에서 다음과 같은 논거를 제시했다.

1. 동종요법은 여러 세대 전부터 아무런 문제 없이 시행해 왔

다. –이 논거는 전통에 호소하는 궤변이다. 그렇기 때문에 받아들여질 수 없다.

2. 프랑스인 4명 중 3명이 이미 동종요법을 받았다. –인기에 호소하는 궤변이다.
3. 동종요법은 중증 치료를 좀 더 잘 견디게 해 준다. 암 환자의 20퍼센트가 항암 치료의 부작용을 줄이기 위해 동종요법을 사용했다. –첫 문장은 받아들일 수 있지만 주장의 근거를 좀 더 자세하게 들여다봐야 한다. 두 번째 문장은 보충 정보로 보거나 인기에 호소하는 궤변으로 볼 수 있다.
4. 130만 명이 건강 보험 적용 유지 찬성에 사인했기 때문이다. –명백하게 인기에 호소하는 궤변이다. 무의미한 말이다.
5. 누구나 자유롭게 건강 전문가들이 권하고 처방하는 안전한 의학을 선택할 수 있어야 한다. 이 선택의 자유는 환자의 권리에 대한 유럽 헌장에 명시되어 있다. –허수아비 공격 궤변이다! 일반적으로 동종요법 건강 보험 적용 중지를 주장하는 사람들은 동종요법 금지를 주장하지 않는다. 환자들에게는 동종요법이 건강 보험 적용이 되지 않아도 동종요법 치료를 받을 권리가 있다. 단지 치료 비용이 좀 더 비싸지거나 브아롱 연구소가 마진을 적게 취하게 될 위험이 있을 뿐이다.

인기에 호소하는 궤변은 기본적인 마케팅 기술이다. 예를 들어 어떤 책의 판매를 늘리는 데에는 이미 엄청나게 팔린 부수를 강조하는 것만큼 효과적인 것도 없다. 프레데릭 살드만(Frédéric Saldman) 박사가 쓴 『내 몸 치유력』 책 표지에 300만 명이 읽었다고 스티커를 붙이는 식이다. 지금 당신이 들고 있는 책 표지에 비슷한 스티커가 붙어 있다면, 그 스티커가 저자의 의지와는 상관없이 만들어졌을 것이라는 점을 기억하자!

마찬가지로 극장에서 당신이 영화를 보도록 부추기기 위해서 그 영화의 장점을 부각하기보다는 이미 영화를 본 사람들의 엄청난 숫자를 강조하는 것이 일반적이다. 다음과 같은 상황에서 가장 설득력 없는 형태의 인기에 호소하는 궤변을 만날 수 있다. "우리가 싸운 것에 대해 친구들한테 말했는데, 모두 내가 옳다고 한다. 그러니 내가 아니라 네가 문제다." 혹은 "트위터에서 나를 팔로우하는 사람들을 상대로 여론조사를 했는데, 대부분의 사람들은 너의 가정이 틀렸다고 한다(여기에서 대부분은 50퍼센트 이상을 의미한다). 그래서 나는 네가 너의 글을 수정해야 한다고 결론 내렸다."

인기에 호소하는 궤변이 우리의 진리 추구를 가로막는 이유는 무엇일까? 앞에서 살펴본 미국의 총기 소지 비율에 관한 통계는 미국인의 30퍼센트가 총기를 소지했다고 밝혔다. 이를 뒤집어 보면 미국인의 70퍼센트가 총기를 소지하지 않았다는 결론을 내릴 수 있다. 8000만 명의 성인 미국인이 틀릴 리 없다고 주장하는 것은 1억 명이 넘는 더 많은 사람들이 틀렸음을 뜻한다. 더 많은 수의 사람이 그렇다고 여기는 게 진실을 보증한다면 총기를 소지하지 않은 1억 명이 넘는 미국인들 쪽이 옳다고 하는 게 논리적이지 않을까?

마찬가지로 현재 지구에서 신자 수가 가장 많은 종교는 2015년에 신자 수가 24억 명으로 집계된 기독교다. 하지만 2015년 기독교가 아닌 사람은 46억 명이었다는 사실을 고려하자. 사실 어떤 종교도 전 세계 사람의 과반수를 자신의 교리에 개종시키는 데에 성공하지 못했다. 우리가 유일하게 단언할 수 있는 건 그 수가 정말 많은, 다양한 종교 신자가 있다는 사실뿐이다.

특정 주장에 동의하는 사람들이 절반 이상이라 해도, 그 사람들이 틀릴 수 있다는 문제가 남는다. 프랑스인 중 4분의 3이 지구가 평평하다고 해도 이는 사실이 아닌 것처럼 말이다. 많은 사람이 동의한다는 단순한 기준으로 어떤 것의 옳고 그름을 측정하는 것은 위험하며 막다른 길로 가는 확실한 방법이다. 인기가 많고 유명한 지혜를 경계하고, 다수의 편에 서는 것이 당신을 세상의 진리와 가까운 곳으로 데려다줄 것이라고 절대로 믿지 말라. 물론 대다수가 지지하는 무언가가 모두 틀렸다는 의미는 아니다. 그렇게 믿는 것도 똑같이 잘못이다.

# 자연에 호소하는 궤변

펠라르고니딘-3-글루코사이드 함유: 47.14mg/100g
... 이거 몸에 엄청 해로운 것 같은데?
너 이거 정말 먹을 거야?
바보야, 이건 그냥 딸기일 뿐이야.

2016년 블로거 바니 하리(Vani Hari)는 식품에 들어 있는 첨가물의 안전성에 대해 다음과 같은 말을 했다. "만약 어린아이가 그 물질의 이름을 발음하지 못하면, 차라리 접시를 치워 버리는 게 낫다."

예로부터 아주 끈질기게 이어져 오는 궤변이 있다면 바로 자연에 호소하는 궤변이다. 이 궤변으로만 책 한 권은 족히 쓸 수 있을 것이다. 우리 일상에 편재한 이 궤변을 하루라도 마주치지 않은 적이 없을 것이다. 자연에 호소하는 궤변은 어떤 사물이나 생각을 그것들이 가진 자연적 특성으로 옹호하는 것이다. '천연'이라는 라벨을 붙인 제품을 극찬하는 광고나, 천연 성분의 약이 가진 장점을 떠벌리는 사례가 여기에 해당한다. 극단적인 경우 자연적이지 않다고 인식되는 것들, 즉 화학적이고 인공적인 것들을 적극적으로 비하한다. 논리는 다음과 같다. '자연적인 것은 좋다. N은 자연적이다. 그러므로 N은 좋다. 화학적인 것은 나쁘다. C는 화학적이다. 그러므로 C는 나쁘다.' 예를 들어 자연적인 것을 추종하는 사람들은 식료품 라벨에 '펠라르고니딘-3-글루코

사이드'라고 적힌 것을 보면 눈살을 찌푸린다. 이 야만스러워 보이는 단어를 설명으로 대체하면 다음과 같다. '딸기를 포함한 여러 과일에 자연적으로 존재하는 붉은색 색소'. 눈살을 찌푸린 그들은 이 설명을 보고는 괜찮다고 할 것이다. 이 예는 가득 채운 접시를 치워 버려야 할지 아닐지를 판단하는 바니 하리의 너무나도 단순한 방식처럼 자연적이지 않은 것을 중상하는 자들이 얼마나 피상적인 방법으로 사물에 접근하는지 잘 보여 준다.

적어도 벨기에에는 자연과 자연적인 것을 낭만적으로 바라보는 사람들이 많다. 도심, 공장지대, 고속도로와 그로 인한 오염보다 더 끔찍하고 스트레스를 유발하는 것이 있을까? 많은 사람들이 자급자족하는 생활에 가깝게 살아가던, 가족 대부분이 밭을 경작하고 살던 때에, 다시 말해 인간이 자연과 조화를 이루며 사는 것처럼 보이는 멀지 않은 과거에 향수를 느낀다. 하지만 많은 사람이 믿는 것과 달리 과거에도 인류는 자연과 균형을 이루며 살지 않았다. 과거에는 '자연과 균형을 이루며 죽었다'라고 하는 게 알맞다. 산업 혁명 이전에는 어린이의 절반이 15세가 되기 전에 죽었다. 먼 옛날의 15세 이하 어린이 사망률을 추정하는 것은 물론 어렵지만, 지금까지 밝혀진 내용에 의하면 시대나 문화에 상관없이 50퍼센트 정도가 15세 이전에 사망했다(출처: ourworldindata.

org). 비교해서 말하자면, 현재 전 세계에서 15세 이하 아동 사망률은 5퍼센트가량이다. 이 수치는 수많은 국가에서 이미 1퍼센트 아래로 내려갔고, 아일랜드에서는 2017년 가장 낮은 0.29퍼센트를 기록했다. 게다가 중장기적으로 상황이 더 나아지지 않을 것이라고 생각할 이유가 전혀 없다.

## 자연은 좋지도 나쁘지도 않다

이 놀라운 변화와 그로 인한 평균 수명의 폭발적 연장에 대해 누구에게 감사해야 할까? 우리 자신에게 해야 한다. 산업화와 화학과 과학 등 오늘날 우리를 그토록 두렵게 하는 이 모든 것에 감사해야 한다. 환경오염은 실질적 문제이고, 우리의 화장품과 음식과 청소용품에는 좋은 것만 들어 있지 않으며, 도심은 스트레스를 유발하지만, 자연도 위험하기는 마찬가지다(그렇다고 음식의 질을 개선하지 않거나 도심을 스트레스를 덜 유발하는 곳으로 만들지 않아도 된다는 말이 아니다). 인간은 자연의 산물이며, 자연에는 인간을 편안하고 행복하게 해 주거나 인간의 생명을 책임져 줄 사명이 없다. 자연은 나쁘지도 좋지도 않다. 자연은 생각하거나 판단하지 않는다. 수많은 자연물(식물, 과일, 버섯)은 독성 화합물을 함유하고 있고 그

중에는 발암 효과가 있는 화합물도 있다. 어떤 것이 천연인가 아닌가 하는 사실은 그것에 독이 있는지 없는지, 섭취했을 때 몸에 좋은지 아닌지 하는 정보를 조금도 주지 않는다. 이를 이해하지 못하는 수많은 사람들 때문에 결국 우리 사회는 엄청난 실패를 겪는다.

이에 대한 예시로 환경에 가해지는 압력을 줄이는 동시에 우리가 먹는 음식의 질을 높인다는 목표를 표방하는 유기농을 들 수 있다. 안타깝지만 이 목표는 지금까지 달성되지 않았고, 유기농은 현재 내가 아는 한 가장 거대한 자연에 호소하는 궤변에 기초를 둔 이데올로기가 되었다. 유기농이라는

덫에 걸린 소비자와 농민 들은 당신에게 소위 '합성 살충제'는 나쁘다고 할 것이다. 이유를 물으면, '화학적이고 인공적이기 때문'이라고 답한다. 대답은 거기서 끝이다. 마찬가지로 그들에게 천연 살충제보다 좋은 것은 없다. 왜? 천연이니까. 그걸로 끝이다(혹시 '유기농'이 살충제를 아예 사용하지 않는 것을 의미한다고 생각했는가? 아니다! 물론 살충제를 전혀 쓰지 않는 이들이 없다는 뜻은 아니다).

다음 글은 프랑스에 있는 비판적 과학 정보 사이트 '시앙스팝(sciencepop.fr)'에서 발췌한 글이다. "유기농에서 합성 살충제 대신 사용하는 물질은 무해하지 않으며, 유효 성분을 함유하고 있다(유효 성분을 함유하기 때문에 그 물질을 사용하는 것이다). 열대 나무에서 추출한 살충제 로테논을 예로 들 수 있다. 이 살충제는 2011년 유럽연합에서 사용을 금지하기 전까지 프랑스 유기농에 널리 사용되었다. 유럽연합은 로테논이 쥐 몸 안에서, 어쩌면 인간 몸 안에서 파킨슨병 발병 위험을 높일 수 있다는 연구 결과에 따라 사용을 금지했다. 또 다른 예로 보르도액을 들 수 있다. 황산구리와 석회를 섞어 만든 보르도액을 사용하면 토양에 구리가 축적되고, 이는 생물권에 매우 유독하다."

자연 살충제는 잠재적으로 농민의 건강과 환경에 위험할 뿐만 아니라, 농학과 화학공학 발전으로 만들어 낸 합성 살충제보다 성능도 떨어진다. 얄궂게도 비슷한 농작물 보호 결과를 얻기 위해 기존 농법보다 더 많은 농약을 사용하는 유기농법을 찾아볼 수 있다. 또한 시앙스팝이 강조하듯이 유기농법은 기존 농법보다 생산성이 평균 20퍼센트 정도 낮다. 이 격차를 따라잡기 위해 경작 면적을 넓히는 등 인간은 환경에 더 많은 압력을 가하게 되는데, 이는 유기농의 목표에 역행하는 것이다.

물론 유기농의 모든 것을 내다 버려야 하는 것은 아니며 유기농법의 목표는 여전히 칭찬할 만하다. 하지만 인공적이라는 이유만으로 합성 살충제를 나쁘다고 판단하고, 이데올로기적 합성 살충제 색출 작업을 지속한다면 행복한 결말에 도달하는 것은 불가능하다. 유기농을 지지하는 사람들은 성능과 환경에 끼치는 영향을 기준으로 가능한 한 가장 좋은 살충제를 도입해야 한다. 그렇게 '자연적이지 않은 것'에 스스로를 가두는 대신 기준에 부합하는 새로운 최고의 살충제 개발을 위한 화학공학에 적극적으로 참여해야 한다.



## 자연은 도덕과 관계가 없다

자연에 호소하는 궤변은 자연의 법칙을 내세워 자신의 도덕적 입장을 옹호하는 것이기도 하다. 예를 들어 "나는 동성연애에 반대한다. 동성연애는 자연적이지 않다."라거나 "사자에게 산 채로 뜯기는 영양이 고통을 받는 것은 맞다. 하지만 그것은 자연의 법칙이기 때문에 바뀌어야 할 이유가 없다."라고 말하는 경우다. 사람들이 도덕적 입장을 옹호하기 위해 자연의 법칙을 내세우면서도 자신이 영향을 받을 때는 자연의 법칙에 따르지 않으려는 것을 보면 무척 놀랍다. 먹이를 산 채로 먹는 포식자를 보며 자연의 법칙을 내세우는 사람들도 사람들이 신발을 신는 것이나 자동차를 타는 것, 난방 장치와 냉장고를 사용하는 것, 두통약을 복용하는 것

등 자연적이지 않은 이 모든 사례에는 별다른 문제를 제기하지 않는다.

자연에 보편적으로 존재하는, 다시 말해 자연적인 동성연애에 반대하기 위해 자연에 호소하는 궤변을 늘어놓는 것은 더욱 어처구니가 없다. 캐나다 생물학자 브루스 베이그밀(Bruce Bagemihl)은 생물 1,500종의 성관계를 연구하였고, 그 중 3분의 1가량의 종에서 동성연애 유형의 행동을 발견했다. 자연에서는 같은 성별끼리 짝을 짓고 새끼를 기르는 사례도 찾아볼 수 있다. 예를 들어 호주에 사는 흑고니에게서 빈번하게 발견된다. 한편 동성연애가 자연적이지 않다는 구실로 동성연애를 공격하는 것이 자연에 호소하는 궤변이라면, 동성연애가 완벽하게 자연적이라는 이유로 동성연애를 옹호하는 것도 자연에 호소하는 궤변이라는 사실을 명심하자! 사실 동성연애가 자연적이든 아니든 상관없다. 이는 우리의 논의가 앞으로 나아가지 못하게 하고 이 주제에 대한 논쟁을 공허하게 만들 뿐이다.

자신의 도덕적 가치의 기반을 자연에 두려는 것은 터무니없는 일이다. 자연은 도덕적이지도, 비도덕적이지도 않기 때문이다. 자연은 도덕과 무관하다. 영양을 산 채로 먹는 사자는 영양에 선의나 악의를 품고 그렇게 하는 게 아니다. 사자는 그저 먹고 싶을 뿐이다. 하지만 우리가 매번 접시에 고기 한 조각을 올리는 건 다르다. 사자가 갑자기 도덕심을 길러 먹이를 마련하기 위해 동물을 죽이는 대신 다른 대안을 찾는 걸 기대할 수는 없지만, 사자와 달리 우리는 대안을 찾을 수 있다. 사자가 그렇게 하지 않는다는 구실로 논쟁에서 도망쳐서는 안 된다. 선과 악을 논하기 위해 자연을 내세우는 것은 막다른 길이다. 각자의 생각의 장점을 평가할 수 있는 다른 기준을 찾아보자.

# 생존 편향

나는 암을 치료하기 위해서
의학적 치료는 중단하고 요가만 하고 있어.
그게 효과가 있어?
그렇게 한 지 벌써
3년이나 되었는데
아직 살아 있잖아!

요즘 서점들은 자기 계발 도서와 건강 관련 서적에 파묻혀 있다. '백만장자의 7가지 습관', '기억력이 좋은 사람들의 7가지 비밀', '100년 넘게 산 사람들이 평생 동안 먹은 음식들'과 같은 책들이다. 이러한 유형의 책에는 아주 심각한 결함이 있다. 설사 이 책들이 돈이 많고, 기억력이 좋거나, 오래 산 사람들의 특징을 제시한다 해도, 그 특징들이 가난하고, 기억력에 문제가 있고, 40세에 사망한 사람들의 특성을 말해 주는 건 아니기 때문이다.

치명적인 병이나 무언가에 걸린 사람들을 치료하기 위해 특정 방법을 강조하는 사람들은 자신도 모르게 생존 편향을 이용하곤 한다(물론 자신이 하는 행위를 완벽하게 인식하고 고의로 사람들을 조종하는 이들도 있다).

## 6층에서 떨어진 고양이는 살고 2층에서 떨어진 고양이는 죽는다?

건강 권위자의 입장이 되어 보자. 당신은 암 치료를 위해 재래식 치료 거부와 단식을 기반으로 한 어떤 방법을 '고안'했다. 당신이 SNS에 이 방법을 대대적으로 홍보하더라도 효과가 없다며 비난하는 환자들의 모욕이 담긴 메시지가 범람할 위험은 매우 적다. 왜냐하면 환자가 당신의 방법을 따른 후 암에서 완쾌하면 당신에게 목숨을 살려 준 데에 감사하며 멋진 후기를 남기겠지만, 사망하면 불평을 하거나 당신의 몰상식하고 무지막지한 행태를 다른 사람들에게 경고조차 할 수 없기 때문이다. 1만 명의 환자가 SNS에서 암을 낫게 해 준다는 당신의 방법을 홍보하는 게시물을 보고 이를 따랐다고 가정해 보자. 방법은 효과가 없었고 9,900명이 사망하고 100명이 살아남았다. 실제로 당신이 마주할 유일한 상황은 당신에게 감사해하며 더 많은 사람을 위해 홍보에 더욱 박차를 가해야 한다고 부추기는, 비처럼 쏟아지는 100개의 긍정적 후기를 받는 일일 것이다.

당신의 방법을 소개하는 영상의 조회 수가 수천에서 수만 회를 찍었는데도 당신이 받는 긍정적 후기는 100건밖에 되지 않아 불편한가? 어쩌면 '대량 학살'이라고 할 수도 있는 이 상황에, 재래식 치료법을 따랐더라면 살았을 수도 있는 수많은 사람의 죽음에 당신은 본인에게 책임이 있다고 인정하는 위험을 무릅쓰기보다는 단순히 다음과 같이 생각할 수 있다.

1. 많은 환자들이 내가 제시한 방법을 보았지만, 모두가 이 방법을 시도하지는 않았다.
2. 홍보의 타깃을 환자로 설정했지만, 병에 걸리지 않은 사람들도 이 영상과 메시지를 보았다.
3. 과감하게 이 방법을 따른 사람들 중에 수줍어서 생명을 구해 줘서 고맙다고 후기를 남기지 못한 사람들이 많다.

내가 인터넷에 올라온 몇몇 건강 권위자의 생존 편향을 해학적으로 취하여 사용하는 경향이 있기는 하지만, 최종 결과를 외면하지는 말자. 이 권위자들은 매년 수천 명의 사람을 죽음으로 몰고 간다. 정말 심각한 상황이다. 만약 당신이 죽음이나 파괴를 초래하는 사건을 겪은 생물이나 사물에 관심이 있다면 조심하라. 생존 편향이 당신을 노리고 있다.

파리 중심의 한 동물 병원에서 수의사가 사람들이 데려온 상처 입은 동물을 치료하는 가상의 상황을 예로 들어 보자. 높은 곳에서 떨어져 다친 고양이가 올 때마다 수의사는 항상 주인에게 고양이가 떨어진 높이를 알려 달라고 하고 주인의 대답을 모두 받아 적었다. 수년이 흐른 후 수의사는 파리 중심에 있는 건물들이 대부분 6층 혹은 7층짜리 건물이지만 떨어져서 다친 고양이들은 주로 2층이나 3층에서 떨어졌고 더 높은 층에서 떨어진 고양이는 훨씬 적다는 사실을 확인했다. 여기에서 수의사는 추락하는 시간이 충분히 길면 고양이는 자세를 바로잡을 수 있어서 진료소를 방문할 정도의 상처를 입지 않으며, 2층과 3층에서 떨어지는 게 고양이에게 가장 위험하다는 결론을 내렸다. 수의사의 설명이 맞는지도 모른다. 하지만 다르게 설명할 수도 있다. 떨어지는 시간이 길수록 고양이가 더 크게 다칠 수 있다. 추락한 고양이의 상처가 치명적이면 수의사를 방문할 가능성이 낮아진다. 즉 너무 높은 곳에서 떨어진 고양이는 수의사의 통계에 거의 나타나지 않는다. 이것이 생존 편향이다. 낮은 층에서 떨어진 고양이만, 즉 살릴 수 있는 고양이만 진료소에 다녀가기 때문이다.

이 현상은 임무를 마치고 돌아온 항공기를 분석하는 군사 기술자에게도 일어날 것이다. 기술자는 항공기들이 항상 날개 끝부분이 손상되어 돌아온다는 것을 알게 되었다. 그래서 기술자는 당연히 날개 끝부분을 더 강하게 보강할 것을 제안했다. 엄청난 실수다! 임무 수행 후 돌아온 항공기의 파손된 부분은 손상을 입더라도 항공기 추락으로까지 이어지지 않는 부분이다. 항공기가 다른 곳에 손상을 입으면 복귀하지 못한다. 결과적으로 장갑을 보강해야 하는 곳은 날개 끝을 제외한 모든 곳이다! 물론 다음과 같은 경우였다면 날개 끝을 강화하는 것이 완벽하게 말이 된다. 임무를 수행하러 출격했던 항공기 모두가 빠짐없이 기지로 돌아왔을 때이다(사망자는 없다). 이런 경우에는 손상된 부분을 강화하는 것 이외에는 따로 할 일이 없을 것이다.

인생에서, 연애에서 성공하고 싶은가? 부자가 되고 싶은가? 그럼 자신이 있는 곳까지 어떻게 도달했는지 설명하는 행복한 부자들의 말을 듣는 데 만족하지 말자. 그들이 반드시 옳은 것도 아니고 그들이 자신의 성공 이유를 파악하는 데서 크게 실수했을 수 있기 때문이다. 성공하지 못한 사람들에게 관심을 두는 것도 잊지 말자. 그리고 성공에는 행운이 아주 큰 비중을 차지한다는 사실도 기억하자.

# 잘못된 인과관계 오류

대기 중 이산화탄소
농도가 이렇게 짙었던 적이 없었어!
우리를 살찌게 만드는 건
대기 중에 있는 이산화탄소야!
그래서 난 우리 집에 탄소를
제거하는 기계를 하나 놓았는데,
이상하게 별로 효과가 없어.
언뜻 보기에는
체질량지수도 마찬가지야.

잘못된 인과관계 오류는 가끔 초현실적인 결과로 이어지는 만큼 SNS를 가장 뜨겁게 달구는 궤변이기도 하다. 이 오류는 A와 B가 상관관계에 있다면 필연적으로 A는 B의 원인이라고 생각하는 것이다. 통계적 관점에서 보았을 때, 두 변인이 독립적이라는 것은 각각의 변인이 다른 변인과 상관없이 존재한다는 것이다. 빨간 주사위와 파란 주사위를 예로 들어 보자. 빨간 주사위의 결과가 어떠하든 그 결과는 파란 주사위의 결과에 영향을 전혀 끼치지 않고, 그 반대도 마찬가지다. 빨간 주사위에서 6이 나온 다음 파란 주사위를 던지려고 한다. 빨간 주사위에 어떤 숫자가 나왔든 파란 주사위에서 1, 2, 3, 4, 5, 6이 나올 확률은 각각 6분의 1로 똑같다.

수학적 의미에서 독립의 반대, 즉 종속은 설명하기가 훨씬 까다롭다. 방을 정리하는 방법은 하나인 반면 어지럽히는 방법은 무수히 많은 것과 마찬가지로, 가능한 독립의 형태는 단 하나지만 가능한 종속의 형태는 무한에 가깝다. 좀 더 간단히 하기 위해 두 변인이 동시에 높은 값이 나오거나 동시에 낮은 값이 나오는 독특한 종속의 형태를 살펴보자. 다시 말해 우리가 두 개의 주사위를 던졌을 때, 종종 비슷한 두 개의 결과를 얻는 것을 의미한다. 3과 2, 혹은 4와 6을 얻는 경우다. 이를 가리켜 '두 주사위 사이에 긍정적 상관관계가 있다'라고 하거나 '두 변인이 긍정적으로 연결되어 있다'라고 한다. 반면 B가 낮은 값이 나올 때 A는 높은 값이 나오거나 B가 높은 값이 나올 때 A가 낮은 값이 나오는 걸 가리켜 'A와 B 사이에 부정적 상관관계가 있다'라고 하거나 'A와 B가 부정적으로 연결되어 있다'라고 한다. 하지만 일상적 언어에서 우리는 긍정적 상관관계와 부정적 상관관계를 구분하는 일이 드물다. 간단하게 두 변인 사이에 '관계가 있다' 혹은 '상관관계가 있다'라고 말할 뿐이다. 'A와 B 사이에 관계 혹은 상관관계가 있다'라고 하는 것은 'B와 A 사이에 관계 혹은 상관관계가 있다'라고 하는 것과 다르지 않으며(상관관계의 대칭성), A와 B가 독립적이라면 둘의 상관관계는 필연적으로 0이라는 사실(상관관계가 없다)을 기억해 두자.

실세계에서 긍정적 상관관계의 간단한 예를 들어보자. 사람들을 모집해 몸무게(변인 A)와 키(변인 B)를 알려 주면 사탕을 준다고 하며 조사를 해 보자. 당신은 곧 키가 큰 사람들은 대부분 몸무게가 많이 나가고 키가 작은 사람들은 대부

분 몸무게가 적게 나간다는 사실을 발견할 것이다.

이러한 상관관계는 물론 완벽하지 않다. 작고 뚱뚱한 사람이 있는가 하면 크고 마른 사람도 있다. 하지만 뚜렷한 경향을 발견할 수 있다. 몸무게가 많이 나갈수록 키가 클 확률이 높고 그 반대도 마찬가지다. 과학의 관점으로 볼 때 변인 A와 B 사이에 상관관계가 있다고 밝히면, 그다음 단계는 이를 설명하는 것이다. 도대체 왜 이 두 변인 사이에 상관관계가 있다고 하는가? 우리는 너무나 자주 A와 B 사이에 상관관계가 있는 것처럼 보이는 것은 A가 B를 '유발하기 때문'이라는 결론으로 건너뛴다. 이것이 잘못된 인과관계의 오류다. 사실 관찰된 상관관계에 대한 다양한 여러 설명이 존재한다.

## B가 A의 원인일 수 있다

예를 들어 화재 현장에 있는 소방관의 수(변인 A)는 화재의 크기(변인 B)와 강력한 상관관계가 있다. 여기에서 A가 B의 원인이라고 말하는 것은 『화씨 451』이라는 끔찍한 책의 내용처럼 소방관이 현장에 불을 지른다고 말하는 것 만큼 터무니 없다. 다시 말해 '소방관이 많을수록 화재는 더욱 심각하다'라고 말하는 것이다. 물론 이것은 완전히 멍청한, 말도 안 되는 소리다. 현실에서는 B가 A의 원인이다. 화재가 강력할수록 현장에는 더 많은 수의 소방관이 있는 것이다.

## 관찰된 상관관계는 단지 우연에 의한 것일 수 있다

컴퓨터로 완벽하게 독립적인 1,000개의 주사위를 여덟 번 던지는 시뮬레이션을 하면 놀랍게도 강력한 상관관계가 있는 다수의 주사위가 있다는 사실을 발견할 수 있다. 아래의 두 주사위를 살펴보자.

일곱 번째에 살짝 빗나간 것만 제외하면, 두 주사위가 보여 준 상관관계는 100퍼센트로 완벽했을 것이다.

| 던진 횟수 \ 주사위 번호 | 214번 주사위 | 847번 주사위 |
|---|---|---|
| 1회 | 2 | 2 |
| 2회 | 1 | 1 |
| 3회 | 6 | 6 |
| 4회 | 4 | 4 |
| 5회 | 3 | 3 |
| 6회 | 1 | 1 |
| 7회 | 4 | 5 |
| 8회 | 4 | 4 |

이러한 상관관계는 통계적 필연성의 결과다. 어떠한 연관도 없는 수많은 변인을 비교하면 적어도 한순간은 상관관계가 있는 것처럼 보이는 두 개의 주사위를 발견하게 될 것이다. 이 상관관계는 일시적이다. 내가 앞서 예를 들었던 214번 주사위와 847번 주사위를 계속해서 던지면 우리는 금방이 두 주사위 사이에는 사실 어떤 상관관계도 없음을 발견할 수 있다.

| 주사위 번호 / 던진 횟수 | 214번 주사위 | 847번 주사위 |
|---|---|---|
| 1회 | 2 | 2 |
| 2회 | 1 | 1 |
| 3회 | 6 | 6 |
| 4회 | 4 | 4 |
| 5회 | 3 | 3 |
| 6회 | 1 | 1 |
| 7회 | 4 | 5 |
| 8회 | 4 | 4 |
| 9회 | 1 | 4 |
| 10회 | 4 | 6 |
| 11회 | 2 | 6 |
| 12회 | 4 | 2 |
| 13회 | 5 | 1 |
| 14회 | 3 | 5 |

## 미심쩍은 상관관계



영문 웹사이트 '허구적 상관관계(Spurious Correlations)'는 얼마간 상관관계가 있어 보이는 실제 벌어진 사건을 'A가 B의 원인이다' 또는 'B가 A의 원인이다'라고 해석하는 것이 얼마나 우스꽝스러운 일인지를 보여 주는 웹사이트다. 예를 들어 1999년부터 2009년까지 미국에서 배우 니콜라스 케이지가 출연한 영화의 수(변인 A)와 미국에서 수영장 익사 사고가 발생한 수(변인 B)가 같았다. 또 다른 예를 들자면 미국 메인주의 이혼율은 그곳의 1인당 마가린 소비량이 낮은 만큼 낮았다. 어떤가? 이 두 상관관계를 원인과 결과로 설명할 수 있을까?

어떤 변인 사이에 상관관계 발견이 과학적 '발견'으로 둔갑하는 경우도 있다. 수천 개의 변인을 살피던 연구원이 예상치 못한 무언가를 발견하고 기쁨에 겨워 이를 '상관관계가 있다'라고 쓰는 식이다. 하지만 두 변인이 원인과 결과로 얽혀 있는지는 알 수 없다. 연구자들이 '상관관계가 있다'라는 말을 사용하는 것 자체는 심각하지 않다. 하지만 우리는 과학 문서에 언급된 '상관관계'를 살필 때 매우 신중해야 할 것이다.

## 혼란의 요인 하나

컴퓨터로 완벽하게 상관관계가 있는 두 주사위를 던지는 시뮬레이션을 만들었다고 해 보자. 첫 번째 던지기에서 두 주사위 모두 4가 나오고 두 번째 던지기에서 3이 나오는 식이다.

우리가 항상 이 결과가 나오도록 프로그래밍했다는 사실을 언급하는 것을 깜빡하고 이 결과를 누군가에게 보여 주면, 그 사람은 첫 번째 주사위가 두 번째 주사위에게 자신을 모방할 것을 강제했다고(A가 B의 원인이라고), 혹은 두 번째 주사위가 첫 번째 주사위에 자신을 모방할 것을 강제했다고(B가 A의 원인이라고) 생각할 수 있다. 사실 이 경우 모든 것을 결정하는 '게임 마스터'는 바로 컴퓨터다. 컴퓨터가 매번 1에서 6 사이의 값을 선택하여 각각의 주사위에 같은 값을 부여하는 것이다. 우리는 컴퓨터가 혼란의 요인임을 알 수 있다. 컴퓨터를 C라고 하면, A와 B에 동시에 영향을 끼쳐 A와 B 사이에 상관관계가 있는 것처럼 보이게 하는 것은 바로 C다. 다시 말해 C가 원인인 것이다.

## 초콜릿과 노벨상



2012년 「뉴잉글랜드 저널 오브 메디슨」에 아주 놀라운 논문이 실렸다. 각국의 1인당 초콜릿 소비량(변인 A)과 인구 천만 명당 노벨상 수상자의 수(변인 B)를 살펴보면 두 변수 사이에서 100퍼센트에 가까운, 79.1퍼센트의 높은 상관관계를 확인할 수 있다는 것이다.

이 결과를 근거로 초콜릿을 먹는 것이 노벨상을 받을 확률을 높이고 사람들을 똑똑하게 만든다고 결론을 내릴 수 있을까? 그럴 수도 있다. 어쨌든 당시 언론은 조금도 의심치 않았고 이 소식은 전 세계로 퍼졌다. '초콜릿을 먹으면 똑똑해진다고 과학이 증명했다!' 초콜릿 제조업체들이 얼마나 좋아했을지는 말할 필요도 없다.

하지만 피에르 모랑주(Pierre Morange), 알렉상드르 헤렌(Alexandre Heeren), 마우로 페센티(Mauro Pesenti) 연구팀을 비롯해 이 연구에 다른 목소리를 낸 사람들이 있다. 이들은 여기에 필시 혼란 요인이 작용했을 것이라고 지적했다. 여기에서 혼란 요인은 국가 발전 수준 혹은 국가의 부유한 정도였다.

국가가 발전할수록 수준 높은 교육 시스템을 갖추고 연구에 투자하는 경향이 있다. 즉 크게 발전한 국가는 재능이 있는 어린이와 연구원 들이 노벨상까지 이를 수 있는 비옥

한 토양을 마련해 주지만, 최소한의 교육 시스템도 없고 아이들이 생존을 위해 거리를 떠돌아야 하는 국가에서 태어난 어린이에게는 연구 활동 자체가 불가능에 가깝다(이렇듯 매년 엄청나게 많은 인재의 손실이 있지만, 이것은 다른 주제의 이야기다).

동시에 선진국에서는 사람들이 생존을 위한 필수품이 아닌 초콜릿, 술 같은 사치품에 돈을 지불할 수 있다.

## 황새 효과

앞서 언급한 세 명의 연구원은 농담 삼아 더욱 강력한 상관관계를 제시했다. 여러분은 이케아(IKEA) 매장 수(변인 A)와 노벨상 수상 횟수(변인 B) 사이에 강력한 상관관계가 있다는 사실을 아는가? 이 둘의 상관관계는 82퍼센트나 된다!

여기에서 우리가 이케아 매장 수가 연구의 촉매제라고 결론 내릴 수 있을까? 그럴 수도 있다! 하지만 이 상관관계는 초콜릿과 노벨상의 관계를 설명한 것과 유사한 혼란 요인을 지목할 수 있다. 국가가 발전할수록 이케아 매장이 많아지고, 국가가 발전할수록 연구와 교육에 더 투자하여 노벨상을 탈 수 있는 역량을 가진 사람들이 발전할 가능성이 높다는 것이다.

앞서 언급한 예시들에서는 혼란 요인을 파악하기 쉽다. 하지만 혼란 요인을 파악하는 게 항상 쉬운 것만은 아니다. 특히 건강 분야에서 우리는 항상 살얼음판을 걷는다. 예를 들어 2017년 한 연구에서 (코카콜라 라이트 같은) 저당 음료수 소비와 심혈관질환에 걸린 위험 사이의 상관관계가 밝혀졌다. 그렇다면 저당 음료에 든 감미료가 건강에 위험하다는 결론을 내려도 괜찮을까? 그럴 수도 있지만, 혼란 요인이 작용했을 수 있다. 다시 말해 감미료는 문제가 안 될 수도 있다. 예를 들어 저당 음료수를 마신 소비자의 대부분이 심혈관질환의 진짜 원인인 환경오염에 더 많이 노출된 도시 거주자일 수 있다.

평균적으로 채식주의자의 체질량지수는 비채식주의자의 체질량지수보다 낮다. 이러한 차이는 언뜻 보기에는 뚜렷하지 않지만 상관관계에 해당한다. 변인 A는 채식주의자 혹은 비채식주의자이고 변인 B는 체질량지수다. A가 '채식주의자' 값을 취하면 B는 낮은 값을 취하는 경향이 있다. A가 '비채식주의자'를 취하면 B는 높은 값을 취하는 경향이 있다. 두 변인은 명확하게 독립적이지 않다. 그럼 고기를 대신해 치즈나 식물성 단백질을 섭취하는 게 체질량지수를 낮추는데 도움이 된다고 결론 내릴 수 있을까? 그럴 수도 있다. 하지만 다른 설명도 가능하다. 음식 재료를 고민하고 운동하는 데에 많은 시간을 보내고 고기를 끊고 채식주의자가 되고 비행기 여행을 피하고 유기농이나 지역 산물을 소비하는 성향의 사람들과, 반대로 술을 마시고 흡연을 하고 고기를 많이 섭취하고 사륜구동차를 몰고 다니는 성향의 사람들을 비교해 보자. 결과는 다음과 같다. 전자의 사람들은 전반적으로 후자의 사람들보다 건강 상태가 좋다. 이 경우 혼란 요인은 그 사람의 성향이다. 그 사람의 성향이 채식 식습관과 동시에 낮은 체질량지수로 이어지거나 육식 식습관과 동시에 높은 체질량지수로 이어지는 것이다.

A와 B 사이의 상관관계를 A가 B의 원인이라는 증거로 해석하는 오류를 황새 효과라고도 한다. 이는 아주 유명한 기만적 상관관계에서 따온 것이다. 황새는 도시와 농촌 가운데 농촌을 선호한다. 동시에 출산율은 일반적으로 도심보다는 농촌에서 높게 나타난다. 멋진 상관관계 아닌가! 어딘가에 황새가 많을수록 출산율은 높다. 이것이야말로 황새가 아이를 데려온다는 증거가 아닌가?

이야기를 모두 다 읽은 당신은 A와 B 사이의 상관관계에 대해 황새 효과의 반대를 시도하려 할 수 있다. 모든 상관관계에서 원칙적으로 A가 B의 원인임을 거부하는 것이다. 하지만 그리 좋은 시도는 아닌 듯하다. 바보 같기는 마찬가지다. 상관관계는 일반적으로 A가 B를 유발한다는 매우 좋은 단서이기 때문이다. 나는 다음과 같이 생각해 볼 것을 권한다.

'이것은 A가 B의 원인임을 암시한다. 이는 좀 더 파헤쳐 볼 만하다. 두 변인 사이의 상관관계가 자동적으로 첫 번째 것이 두 번째 것의 원인이라고 의미하는 것은 아니기 때문이다.'

## 나가며



자, 지금까지 '그레이엄의 과녁'과 논증에서 발생하는 각종 궤변과 오류를 살펴보았다. 책을 마치는 이 시점에 무슨 말을 하면 좋을까? 이 사고 도구를 어떻게 활용할 수 있을까?

SNS상에서 사회적, 정치적, 직업적으로 각기 다른 사람들 사이에 일어나는 수천 개의 대화 혹은 토론을 분석해 보자. 여기에서 모욕과 인신공격, 형식에 대한 공격을 중심으로 하는 대화, 즉 그레이엄의 과녁에서 빨간 원 바깥을 맞히는 대화를 제거하자. 논거 없는 반박에 해당하는 대화도 제거하자. 논거를 반박하거나 상대방의 발언을 반박하거나 중심 주장을 반박하는 대화만 남기자.

그리고 이 남은 대화 중 인기에 호소하는 궤변, 이국적인 것에 호소하는 궤변, 자연에 호소하는 궤변 등의 궤변이 있는지 분석해 보자. 과연 얼마나 될까 하고 의심할 필요는 없다. 궤변은 이 책에 소개된 것보다 훨씬 광범위하게 존재하니. 자, 이제 정말 흥미로운 대화만 남았다. 즉, 문제의 핵심을 다루는 대화들이고 운이 좋으면 우리를 진리와 가깝게 만들어 줄 대화들이다(물론 궤변을 사용하지 않았더라도 다른 오류가 있

을 수 있다. 예를 들어 언젠가 거짓으로 판명된 잘못된 출처를 사용하는 경우 잘못된 결론으로 이어질 수 있다). 맙소사, 남은 것은 우리가 처음 추출한 대화의 극히 일부에 불과하다. 다시 말해 논쟁하는 사람들 가운데 대다수는 문도 창문도 없는 방에서 빙빙 돌며 바람을 가르는 공허한 말만 한다는 것이다. 이 벽을 쓰러뜨릴 수 있는 유일한 도구가 바로 '비판적 사고'다.



## 비판적 사고를 토대로 현명하게 토론하기

진리를 추구하는 비판적 사상가들에게 자기 주위에서 일어나는 대화 대부분이 공허하다는 사실은 재앙에 가깝다. 이는 과거 많은 회의주의자들이 다른 사람들과 대화를 하지 않고 지낼 수밖에 없었음을 의미했다. 다행히 우리는 이 책에 소개된 내용을 이해하고, 열과 성을 다해 깊은 대화를 나누고자 하는 다른 회의주의자를 온라인에서 찾기가 그 어느 때보다도 쉬운 시대에 살고 있다. 하지만 내가 생각하기에 가장 좋은 해결 방법은 '엘리트주의적 회의론자' 사이에만 틀어박히지 않고 비판적 사고를 토대로 주위 사람들과 현명하게 토론하는 것이다. 주변 사람들의 손에 이 책이나 다른 논리적 대화법 책을 쥐여 주자. 당신이 선생님이라면 그레이엄의 과녁에 기반한 역할 놀이를 준비해 보자. 학생들에게 같은 궤변을 사용해 어떤 주장과 그 반대의 주장을 옹호하라고 해 보자. 물론 당신도 끊임없이 비판 정신을 훈련해야 한다. '코르텍스(cortecs.org)'에 있는 정보를 활용하여 궤변 목록을 보완할 수 있다.

토론이나 대화에서 당신의 생각을 바꾸게 한 훌륭한 논거를 만나면 잘 기록해 두자. 앙리 브로슈(Henri Broch)와 조르주 샤르파크(Georges Charpak)의 『신비의 사기꾼들』이나 토마 뒤랑(Thomas Durand)의 『우리는 언제 왜곡하는가?(Quand est-ce qu'on biaise?)』 등 다른 회의주의 책들도 읽자. 무엇보다도 이 모든 것을 즐기자. 진리로 가는 길은 도처에 함정과 계략이 도사리고 있지만, 그 길에는 즐겁고 행복한 순간 역시 함께 할 테니.

## 옮긴이 김수영

한국외국어대학교 통번역대학원 한불과를 졸업했다. 프랑스문화원, 르몽드 디플로마티크, 연합뉴스 등 여러 기관에서 통번역 활동을 해 왔으며, 현재는 번역 에이전시 엔터스코리아에서 출판 기획 및 전문 번역가로 활동하고 있다. 『바닷속에는 무엇이 있을까?』, 『미술관을 떠난 모나리자』, 『한눈에 보는 와인』, 『중세. 2: 만화로 배우는 서양사』, 『엄마, 쓰레기를 왜 돈 주고 사요?』, 『우리는 슈퍼 히어로즈 2』, 『어린 왕자』 등을 번역했다.


# 우아하게 반박하는 기술

2023년 2월 28일 초판 1쇄 발행

**지은이** 나탕 위탕다엘(Nathan Uyttendaele)
**본문 그림** 아들리나(Adelinaa)
**옮긴이** 김수영
**펴낸이** 류지호
**책임편집** 곽명진
**편집** 이상근, 김희중, 곽명진
**디자인** 박은정
**펴낸 곳** 원더박스 (03169) 서울시 종로구 사직로10길 17, 301호
**대표전화** 02-720-1202
**팩시밀리** 0303-3448-1202
**출판등록** 제2022-000212호(2012. 6. 27.)

ISBN 979-11-92953-00-7 (03170)

★잘못된 책은 구입하신 서점에서 바꾸어 드립니다.
★독자 여러분의 의견과 참여를 기다립니다.
**블로그** blog.naver.com/wonderbox13, **이메일** wonderbox13@naver.com